마케터들을 위한 시니어 탐구 리포트

뉴그레이

초판 1쇄 발행 2022년 12월 9일
초판 3쇄 발행 2023년 10월 25일

지은이 정지원 · 유지은 · 염선형
펴낸이 성의현
펴낸곳 (주)미래의창

편집 주간 김성옥
편집 진행 김효선
디자인 공미향
홍보 및 마케팅 연상희 · 이보경 · 정해준 · 김제인

출판 신고 2019년 10월 28일 제2019-000291호
주소 서울시 마포구 잔다리로 62-1 미래의창빌딩(서교동 376-15, 5층)
전화 070-8693-1719 **팩스** 0507-0301-1585
홈페이지 www.miraebook.co.kr
ISBN 979-11-92519-25-8 03320

※ 책값은 뒤표지에 있습니다.

생각이 글이 되고, 글이 책이 되는 놀라운 경험. 미래의창과 함께라면 가능합니다.
책을 통해 여러분의 생각과 아이디어를 더 많은 사람들과 공유하시기 바랍니다.
투고메일 togo@miraebook.co.kr (홈페이지와 블로그에서 양식을 다운로드하세요)
제휴 및 기타 문의 ask@miraebook.co.kr

뉴그레이:

마케터들을 위한
시니어 탐구 리포트

정지원
유지은
염선형

미래의창

욕망하지 않는 시대,
시니어의 욕망을 발견하라

44

"44세 이상이 되면 사람들이 사라지기라도 하는 걸까?"

P&G, 로레알 등에서 오래 근무했던 마케터 손솔레즈 곤잘레즈
Sonsoles Gonzalez의 질문은 우리를 돌아보게 한다. 평소 뷰티업계에서
10대 후반에서 44세까지만을 주요 고객으로 삼는 것에 불만을 느
껴왔던 그녀의 질문은 사실 많은 산업, 거의 모든 마케터들이 겪
는 현실이다. 여기에는 이유가 있다. 44세 이상의 경우, 온라인 소
비자 조사에 응하는 비율이 낮아 데이터를 쌓기 힘들 뿐 아니라 신
제품이나 새로운 이슈에 젊은 층처럼 즉각적인 반응이나 확산력을
크게 기대하기 어렵다. 44세 이상을 위한 기획은 당연히 더 어려울

수밖에 없다. 그들의 생각과 인식을 파악할 근거를 확보하는 것에서도, 진짜 욕망을 탐색할 기회에서도 자발적으로 멀어지게 되는 셈이니 말이다.

69

2018년 네덜란드의 한 69세 남성이 자신의 나이를 49세로, 20세 낮춰달라고 국가를 상대로 소송을 제기한 사건이 있었다. 공식문서상의 1949년생인 출생기록을 1969년생으로 바꿔 본인이 실제 느끼는 신체적, 정신적 상태에 맞는 삶을 살게 해달라는 요청이자 선언이었다. 자신이 느끼는 실제 나이는 49세 정도인데 법률상 나이가 69세라 구직이나 연애를 하는 데 지장이 많다는 것이 요지였다. 그는 이름도 바꾸고 성별도 바꾸는 시대에 나이는 왜 바꿀 수 없는지 근본적인 질문을 던졌다. 동년배 시니어들보다 20년을 더 젊게 살고 있지만 69세이기에 차별받고 살고 있는 현실이 "고통스럽다"고 호소한 것이다. 결국 해프닝으로 마무리되었지만, 이 사건은 우리를 돌아보게 한다. 말로는 액티브 시니어, 스마트 시니어라 칭하지만, 현실 시니어들은 이들의 나이 그 이상도 이하도 아닌 딱 그저 시니어로서만 수용되고 인식된다는 사실 말이다. 스스로 느끼기에 충분히 젊고 잘 관리한 시니어들도 사회에서 자기 능력과 욕망을 실현할 수 있는 조건이 더 나아지거나 인식이 개선된 부분은 여전히 매우 제한적이라는 것이다.

이는 브랜드의 태도에서도 발견된다. 우리가 사는 사회는 급속하게 고령화를 향하고 있고, 시니어 솔루션이 넘쳐나야 할 것 같지만 브랜드는 여전히 시니어 세대에 무관심하다. 카테고리를 불문하고 많은 브랜드들은 MZ세대에게 더욱더 집중하면서 MZ세대를 세분화하고 그들의 성향과 취향을 분석하며 그들에게 최적화된 제품과 브랜드와 커뮤니케이션을 고민한다. 인구 고령화가 급속도로 이루어지고 있다고 모두가 입을 모아 이야기하지만, 브랜드에게 시니어라는 장르는 마치 텅 비어 있는 공간 같다. 아무것도 없고 아무도 말하지 않는 시장, 모두가 이 시장이 중요하다는 것도 성장할 것이라는 것도 알고 있지만 누구도 선뜻 나서지 않는 시장 말이다. 브랜드들이 MZ세대에게 집중하는 이유는 선명하다. MZ세대는 움직이고 반응하는 시장이기 때문이다.

시니어 시장이 외면받는 이유도 이와 같다. 웬만해서는 움직이지 않는 시장이기 때문이다. 더 정확히 말하면 움직이지 않는다고 단정하는 시장이다. 시니어에 대한 브랜드들의 태도는 앞서 언급한 숫자, 44와 69 그 사이 어디엔가 있다. 44세 이상이 가진 욕망에는 관심이 없거나, 있다 하더라도 추상적인 액티브 시니어로서 머릿속에만 있는 이상적 시니어상을 품고 있을 뿐 진짜 69세의 욕망은 살필 여력이 없다.

이 책을 쓰게 된 계기는 하나다. 시니어 시장이 움직이지 않는다는 고정관념에서 서서히 벗어나게 될 것이라는 필연적인 전망이다. 베이비붐 세대의 은퇴가 본격화된 시기는 2020년이었다. 그리고 지금의 속도라면 우리나라는 2025년에 초고령 사회로 접어든다. UN 기준 65세 이상의 인구가 20%를 넘는 초고령 사회 말이다. 이처럼 극심한 인구구조의 변화 속에서 베이비붐 세대와 X세대가 시니어가 된다면, 베이비붐 세대 이전의 시니어와는 다른 구조로 시니어 시장을 바라봐야 한다. 시니어 기획은 현재 X세대와 베이비붐 세대를 중심으로 설계해야 이들의 70대, 80대를 함께할 수 있다. 견고하고 경직되었던 거대한 시니어 시장의 판을 움직이는 것은 바로 이들, 새로운 시니어를 중심으로 시작될 것이다.

이 책은 이토록 급격한 인구구조의 변화 속에서 시니어를 맞는 최초의 세대, 50+세대에 관한 이야기다. 마케팅 타깃에서 사라진 50+세대는 현실에서는 사라지긴커녕 더 길게 삶을 영위하게 되었다. 앞으로의 시니어는 지금까지 마케팅 타깃에서 제외된 요지부동의 노인네가 아니라, 생산성 최고조였던 베이비붐 세대와 시장의 판도를 뒤흔들었던 X세대까지를 포함한다는 사실은 많은 변화를 예고한다.

시니어의 욕망

욕망하지 않는 세대가 등장했다. MZ세대 중에서도 30세 이하 젊은 층의 특징을 규정하는 중요한 대목 중 하나인데 특히 이 부분은 결핍의 시대를 살아온 시니어 세대의 특징과 대별된다. 욕망하지 않는 이 젊은 세대는 태생부터 물질적 결핍을 거의 모르고 자랐다. 어릴 때부터 휴대폰과 컴퓨터를 접한 세대, 집마다 웬만한 가전이나 자동차는 당연히 갖춰진 환경에서 자란 세대에게 욕망이란 조금 다른 의미를 지닌다. 그들은 성공 혹은 쾌락과 같은 물질적 욕망에 비교적 덜 집착하고 더 가치 있는 것, 자신에게 의미 있는 것을 추구한다. 결국 '욕망하지 않는 세대'라는 말은 한층 더 고차원적인 욕망을 향하는 젊은 세대를 대변하는 말이 된다. 바로 이 지점이 시니어의 욕망과 맞닿는다. 젊은 시절의 물리적 결핍을 해결하고 재건하려 애써 살아왔던 시니어는 시니어가 되고 나서야 비로소 다른 욕망을 꿈꾸게 된 것이다.

욕망은 언제나 각자가 살아온 이야기와 연관되어 있고, 충족되지 못한 결핍과 관련 있다. 시니어 세대의 젊은 시절에서 충족되지 못했던 결핍들은 고스란히 시니어 시기를 보낼 욕망이 된다. 이 책에서는 시니어의 네 가지 욕망에 집중했다. 시니어의 개성, 관계, 취향, 그리고 성장이다. 이 욕망들은 모두 시니어 개인에 집중된 것이라는 공통점이 있다. 시니어 개인의 진짜 모습에 가까워지려는, 개인으로서의 행복과 변화를 추구하려는 방향성에 있다. 이 부분은 심리학자 마틴 셀리그먼Martin Seligman 교수의 '행복을 위한 다섯 가지 욕망'과도 일치하는 면이 있다. 그는 인간이 행복을 느끼려면 다섯 가지 욕망이 충족되어야 한다고 했는데, 긍정적 정서Positive emotion(자신감 혹은 낙천성), 몰입Engagement(시간 가는 줄 모르고 자발적으로 헌신하게 되는 것), 관계Relationship(타인과 함께하는 것), 의미Meaning(중요하다고 믿는 것에 소속되고 기여하는 것), 성취Accomplishment(이기거나 돈을 벌기 위해서가 아니라 성취 그 자체가 좋아서 추구하는 것)다.

시니어의 욕망은 이처럼 특별한 이유 없이 그 자체가 좋아서 하는 행동들을 포함한다. 궁극적으로 자신이 자신다워지는 것을 욕망하는 것이다. 지금까지 많은 실패를 거듭해온 시니어 마케팅은 다름 아닌 시니어의 욕망에 집중하는 것에서 시니어 기획을 다시 시작해야 한다. 얼마나 마이크로하게 시니어 개인을 파악할 수 있을지, 시니어들이 어떻게 보다 더 이상적인 관계를 형성할 수 있을지, 평생을 통해 성취하지 못했던 것들을 크고 작게 이루고 발견할 수 있게 해줄 것인지를 고민해야 할 것이다.

다시 처음의 질문으로 돌아가보자. 곤잘레즈의 질문은 본질적인 의문이었다. 50세 이상의 '욕망'에 대한 질문이었으니 말이다. 시장은 연속적으로 이어지는 것이어서 청년의 욕망에 이어 시니어의 욕망을 탐구하는 것이 마땅한 일인데, 왜 더 이상 노년을 이해하지도, 고민하지도, 조명하지도 않는지 묵직하게 물은 것이다. 이 질문이 가볍지 않은 이유는 앞으로 길어진 노년을 보내야 하는 우리 모두의 문제이기 때문이다.

시니어의 욕망에 집중한 곤잘레즈는 이후 베터 낫 영거Better not Younger라는 44세 이상의 여성을 위한 헤어&뷰티 브랜드의 CEO가 된다. 그녀는 자신이 시니어 시기에 놓이자 본격적으로 시니어를 위한 다양한 컬러의 헤어 염색약을 개발한다. 그리고 이 제품은 세계적인 화장품 유통 체인인 세포라Sephora에 입점되어 시니어뿐 아니라 젊은 층도 선호하는 브랜드가 된다. 그녀의 질문은 츠타야TSUTAYA 서점을 만든 마스다 무네아키의 질문과도 통한다. 그는 도쿄 다이칸야마에 복합문화공간 T사이트를 기획하면서 "60세 이상의 인구가 계속해서 증가하는 일본에서 구매력과 교양을 갖춘 세련된 프리미어 에이지premier age인 시니어층의 주목을 끌지 못한다면 궁극적인 위기가 되지 않을까?"라고 자문했다. 이들은 기존 시니어를 규정하는 고정관념에서 벗어나 실제 시니어 창업자인 자신의 현실 고민과 욕구에 충실한 결과, 시니어뿐 아니라 젊은 층도 선호하는 브랜드를 만들었다.

고정관념에 갇히는 것은 무의식이다. 무의식적으로 생체물리학적 나이를 받아들이는 것이 아니라 기존 시니어 고정관념에서 의식적으로 벗어나 진짜 '나'로 살아가는 나이를 선택하라는 메시지가 이제는 가능하지 않을까? 브랜드가 스테레오 타입stereotype을 벗어난다는 것은 중요하다. 눈을 뜬 브랜드는 자꾸 질문을 던진다. 이렇게 우리 대다수가 오랫동안 생각해왔던 이 생각이 지금도 맞느냐고, 이런 제품이 지금을 사는 시니어들에게 여전히 편안하냐고 말이다. 이런 질문을 통해 많은 브랜드들이 기존의 시니어들을 향한 견고한 스테레오 타입을 벗어나는 중이다. 이는 단지 우리의 인식을 깨어나게 해주는 것을 넘어 산업을, 비즈니스를 바꾸고 무의식적으로 이뤄져왔던 소비의 패턴을, 그리고 인간의 삶을 바꾼다.

스테레오 타입에서 벗어나 에이지리스ageless의 화두로 시작된 진짜 이야기들, 피부가 팽팽한 여성 모델을 써서 나이 듦을 극복하고, 나이 듦을 부정하는 방향으로 안티에이징의 메시지를 전달했던 화장품 브랜드가 이제는 "아름다움은 자란다"는 메시지로 더욱 당당한 여성상을 보여주면서 우리에게 말을 건넨다. 사회에서 소외된 은퇴한 시니어라는 고정관념을 깨고 코로나 시국에 전직 럭셔리 브랜드의 시니어 재단사들이 모여 의료진에게 3천 개가 넘는 무료 마스크를 직접 재단해 전달하고, 오픈소스로 디자인 패턴을 공유하는 실험을 하면서 질문을 던진다. 아직도 우리 사회에 지배

적인 시니어상, 시니어 관점에 동의하느냐고, 그런 고정된 인식과
전형성에서 좀 벗어나보면 어떻겠냐고 말이다.

처음 만나는 세계가 오고 있다. 처음 만나는 세대가 오고 있다.
지금까지 기업과 브랜드는 언제나 세대를 구분 짓고, 젊은 세대로
메인 타깃을 교체하려는 시도를 반복했다. 젊은 세대에게 잊히는
브랜드는 영원히 없어지리라 두려워했다. 그러나 이제 그것만이
두려운 것이 아니다. 만약 앞으로의 새로운 시니어에게 선택되지
않는 브랜드라면 길어진 수명만큼이나 새롭고 다양한 기회를 잃게
될 것이다. 세대를 구분 짓기보다는 더 넓은 관점으로 시니어를 바
라봐야 한다. 시니어를 잘 이해한 브랜드는 결국 더 넓은 세대가 좋
아하는 브랜드가 될 수 있다는 것을 확인하면서 말이다.

그레이 이즈 더 뉴 핑크

독일 프랑크푸르트의 세계문화 박물관Weltkulturen에서 2019년 9월
까지 1년여 동안 전시했던 주제는 "그레이 이즈 더 뉴 핑크Grey is The
New Pink"였다. 전시의 부제인 "나이 듦의 순간들Moments of Ageing"이
말해주듯이 세계 각국의 작가들이 나이 드는 순간들을 포착하고
기록해 사진, 텍스트, 콜라주, 스케치, 설치미술 등 다양한 형태로
가장 자연스럽고도 아름다운 노년의 모습을 담아낸 이 전시는 많
은 이들의 공감을 받았다. 이 전시는 "과연 우리는 몇 살부터를 '늙
었다'라고 규정할 수 있을까?"라는 질문을 의미심장하게 던지며
관객들을 끌어들인다.

한 개인이 속한 문화에 따라, 또 개인의 정체성에 따라 나이 듦

의 형태가 천차만별로 다른 모습을 띠고 있다는 것을 그대로 보여주면서 이 전시의 작품들은 단호하게 말한다. "삶의 단계로서 일반적이고 공통적으로 결정 내릴 수 있는 나이 듦에 대한 정의는 없다"고 말이다. 앞으로 베이비붐 세대와 X세대가 맞이하게 될 시니어 브랜드는 "그레이 이즈 더 뉴 핑크"라는 정의를 다양하게 현실화, 구체화해주는 존재가 되어야 할 것이다.

인간의 생은 길어졌다. 그렇다면 브랜드도 길게 함께해야 한다. 이 전시가 많은 이들에게 영감을 준 것은 다름 아닌 나이 듦, 시니어를 바라보는 시선에 있었다. 이 책을 쓴 필자의 바람도 유사하다. 고정관념 속에 갇힌 시니어의 모습에서 벗어나 조금이라도 시니어를 생각하는 관점을 새롭게 하거나 생각의 폭을 넓힐 수 있길 바란다. 더 단순하고 선명해진 시니어의 욕망에 집중하면서 말이다.

차례

2부 시니어를 움직이는 4가지 욕망

폐지 줍는 노인과 귀여운 할머니 사이 | 시니어 시장을 읽는 방법: 불안과 욕망 | 100세 시대, 마케터의 일

1장 개성: 마이크로 시니어에게 맞춰라

2장 관계: 관계의 사각지대를 이해하라

1부

당신이 생각하는 노인은

존재하지 않는다

시니어 시장은 반드시 성장한다. 가장 큰 인구 블록, MZ세대보다 경제력이 크고 브랜드 충성도가 높은 집단, 과거와 달리 능동적인 라이프스타일을 지녀 자신을 위한 소비에 적극적인 사람들, 액티브 시니어 또는 뉴 식스티라 불리는 새로운 노인들, 그들이 바로 지금의 시니어다. 그들의 규모, 경제력, 라이프스타일과 소비성향 그 모든 것이 시니어 시장을 키우는 동력이다.

왜 지금 시니어인가

시니어는 시장에서 점점 더 큰 영향력을 발휘하고 있다. 많은 카테고리에서 시니어는 비중 높은 고객이거나 가장 빠르게 증가하는 고객이다. 가정간편식, 패스트패션, 단백질 보충제 시장에서 시니어는 이미 큰손이다. 구독형 오디오북 플랫폼 윌라는 팟캐스트에 익숙한 2030세대를 타깃으로 론칭했지만, 고객 3명 중 1명은 45~54세다. 여성 전용 피트니스 커브스의 경우, 한국 커브스 고객의 80%는 40대 이하지만, 우리보다 먼저 고령화 사회에 진입한 일본은 80%가 50대 이상이다. 당신의 브랜드에도 이미 많은 시니어 고객이 있을 것이다. 아니라면 곧 그 비중이 증가할 것이다.

시니어 시장의 성장을 지체시키는 것은 다름 아닌 기업과 브랜드다. 시장이 시니어의 니즈를 따라가지 못하고 있다. 시니어를 위한 브랜드는 턱없이 부족하다. 기존 브랜드들은 늘어나는 시니어 고객을 인지하지 못하거나, 인지하면서도 그들을 위한 제안이 없다. 시니어 고객은 브랜드를 소비하고 있는데 브랜드가 시니어와 소통하지 않고 아무런 제안도 하지 않는다면, 이는 기업이 고객을 무시하고 소외시키는 것이다. 이 문제는 시니어 시장에 한정되지 않고 결국 다른 시장에도 영향을 미칠 것이다.

무엇보다 MZ세대가 시니어에 열광하고 있다. 윤여정, 박막례, 김칠두까지 그들에게 지금 가장 새롭고 힙한 것은 시니어다. MZ세대에게 시니어는 살아 있는 레트로이면서 흉내 낼 수 없는 매력을 지닌 존재다. MZ세대가 절대 가질 수 없는 것, 바로 '세월'의 총체이기 때문이다. 시니어 유튜버의 제안은 그들을 동경하는 MZ세대에 실질적인 영향을 준다. 또한 자매 같은 모녀, 형제 같은 부자, 친구 같은 조부모와 손자손녀 관계가 늘고 있다. 서로의 라이프스타일이 교차하기 시작했고, 서로의 소비에 대한 영향력도 커졌다.

우리 모두는 이런저런 이유로 시니어와 연결되어 있다. 시니어에서 자유로운 브랜드는 없다. MZ세대를 타깃으로 하는 브랜드에도 시니어는 중요한 주제다. 시장의 중심이 시니어 집단으로 이동하는 지금, 시대 흐름을 읽는 마케터에게 시니어는 피해 갈 수 없는 숙제인 셈이다.

시니어의 허상

유럽의 보험회사 선라이프Sun Life는 2017년 50대 이상 5만 명을 대상으로 설문조사를 진행했다. 88%는 '브랜드가 시니어에게 관심이 없다'고 응답했고, 72%는 '광고에서 50대 이상의 대표성을 시대에 뒤떨어지게 표현하고 있다'고 답했다. 응답자 대부분이 자신을 현재 나이보다 더 젊게 느끼며, 그 어느 때보다 삶을 즐기고, 현재를 바쁘게 살아가고 있다고 답했다. 또한 타인의 시선을 생각하지 않고, 모험적인 여행이나 스포츠, 그리고 활동적인 것을 선호한다고 말했다.

선라이프는 이 조사 결과를 광고에 고스란히 담았다. 실제 시니어를 광고의 주인공으로 하여, 이들이 꾸려가는 '50대 이후의 삶'을 따라간다. 광고 초반에는 시니어의 얼굴을 보여주지 않는다. 이후 얼굴을 드러낸 시니어가 자신의 나이에 대한 본인의 생각을 담담하게 이야기한다. 광고를 보는 사람들은 뒤에 등장한 시니어의 모습에서 '아차' 하고 놀란다. 시니어에 대한 자신의 고정관념과 마주치기 때문이다. 그들은 생각보다 활동적이고, 유쾌하고, 아름답다. 광고 문구처럼 50대 이후의 삶은 "인생에서 매우 다채로운 시기다. 그들은 관습에 순응하지 않는다This is a very colorful time of life. They're not conforming."

브랜드는 시니어를 무시하고, 광고는 시니어의 모습을 왜곡한다. 시니어가 그렇게 느끼고 있다. 이들이 바라는 것은 단순하다. 브랜드가 특정 세대가 아닌 모든 사람을 대표해주기를 바란다. 나이 들었다는 이유만으로 배제당하는 것은 매우 불쾌한 경험이다. 자신이 소비하는 브랜드라면 더 그렇다. 전 세계가 고령화되어가고 있는 지금, 시니어 시장의 성장은 당연한 수순이다. 변화하고 있는 현실 시니어를 있는 그대로 보지 못하고 오히려 왜곡해온 기업, 브랜드가 만든 선입견과 고정관념이 시니어 시장의 성장을 지체시키고 있는 것뿐이다.

세 가지 오해

- **1940년대 건강보조식품 게릴락** 미국 유가공업체 보든Borden은 노인과 회복기 환자를 위한 건강보조식품 게릴락Gerilac을 선보였다. 건조한 우유에 비타민과 무기질을 첨가한 분말로 물에 타서 마시면 쉽게 영양을 보충할 수 있다. 게릴락의 광고 메시지는 다음과 같다. "얄팍한 지갑에 반가운 소식이라면? 잊지 마세요. 게릴락은 경제적입니다. 우유를 더 섞을 필요가 없기 때문입니다."

- **1955년 하인즈의 시니어용 식품** 당시 미국 이유식 시장은 20억 달러 규모였는데 이 중 15%는 시니어의 구매였다. 하인즈는 이미 형성된 니즈에 대응해 60세 이상을 타깃으로 한 통조림 제품을 내놓았다. 닭고기나 소고기를 간 퓨레 형태의 제품이었다. 당시 시사주간지 《타임》은 이 제품을 소개하면서 긍정적인

전망을 덧붙였다. 아기는 겨우 2년 동안만 이유식을 먹지만 노인은 15년 이상 이 제품을 소비할 수 있고, 1960년까지 미국의 60세 이상 노인 인구는 2천 3백만 명에 달할 것으로 예상했기 때문이다. 그런데 기대와 달리 시장의 반응은 냉담했다. 훗날 하인즈의 한 마케터가 말했듯 이 제품이 남은 치아가 하나도 없다는 것을 상기시켰기 때문일까?

• **1997년 시세이도의 시니어용 화장품** 일본 화장품 브랜드 시세이도는 50대 이상을 위한 신제품을 출시하며 "아름다운 50대가 늘어나면 일본은 변한다"는 광고 카피를 선보였다. 젊은 여성의 이미지를 중요시하는 화장품업계에 발상의 전환으로 충격을 주었으나, 정작 '50대'라는 표현에 거부감을 느낀 고객들의 외면을 받았다. 1년 후 광고 카피는 "후반전을 아름답게"로 수정되었다.

• **2004년 마담 토모코의 고령 여성복** 마담 토모코 Madame Tomocco 는 2004년 론칭한 일본의 고령 여성복 브랜드다. 창업자 다케이시 레이코는 골다공증으로 체형이 변한 88세 할머니를 위해 어머니가 옷을 수선하는 모습을 보고 아이디어를 얻었다. 후에 할머니멋쟁이연구소를 세우고 '등이 굽은 사람의 상의', '허리가 휜 사람의 바지' 등을 특허 출원했다. 노인의 불편함을 해결하는 동시에 패션 감각을 유지했기에 큰 인기를 얻으며 성장해 나갔다. 그러나 백화점 납품을 시작한 후, 성인용 기저귀와 함께 진열하는 등 '멋쟁이 옷'이라는 이미지를 잃게 된다. 현재는 폐점 상태다.

• **2007년 피트에이지의 시니어용 휴대폰** 독일 피트에이지 Fitage
는 시니어 고객을 위해 화면 내 글자 크기를 키우고 버튼을 크
게 만든 휴대폰을 내놓았다. 노안이 온 시니어 고객이 문자를
보기 쉽고 버튼을 누르기도 편했지만, 너무 크고 무거워서 핸
드백이나 주머니에 넣을 수는 없었다. 한 고객이 아마존에 남
긴 후기를 보자. "휴대폰은 튼튼하고 버튼도 쉽게 구별할 수 있
어요. 다만 너무 크고 무거워요. 어머니는 이 제품에 익숙해지
는 데 무척 애를 먹고 있어요. 이유는 다름 아니라 장애인을
염두에 두고 만들었기 때문이죠. 결론은 하나입니다. 어머니
는 이 휴대폰을 집에 고이 모셔둘 거에요." 이 휴대폰이 출시
된 2007년은 스티브 잡스가 세상에 아이폰을 선보인 해이기도
하다.

시니어에 대한 고정관념은 뿌리가 깊다. 게릴락, 하인즈, 피트
에이지로 이어지는 반복된 실패에도 오해는 여전히 크고 단단하
다. 첫 번째 오해는 시니어를 병들고 가난한 노인으로 여기는 것이
다. 시니어는 자주 환자와 혼동된다. 심지어 불우하게 묘사되기도
한다. 그러나 우리나라 65세 이상 시니어 중 75%는 건강하다. 다
른 사람의 도움 없이 일상생활이 가능하다. 다른 세대와 마찬가지
로 경제적으로 매우 부유하거나 어려운 시니어도 있지만 대다수는
보통의 소비 여력을 갖는다. 우리가 반사적으로 떠올리는 시니어
의 모습은 소수에 속한다는 뜻이다. 실버산업이라 불렀던 지난날
의 시니어 시장은 의료기기, 건강식품, 럭셔리 주거/여행 상품에 집

중했다. 규모는 작지만 니즈가 분명하거나 소비 여력이 커서 접근하기 쉬웠기 때문이다. 하지만 지금 열리는 시장은 75%의 보통 시니어가 있는 거대한 시장이다. 문제는 시장은 커졌는데 우리가 그들에 대해 아는 게 별로 없다는 것이다.

두 번째 오해는 시니어를 건강(또는 건강한 상태)이라는 단일한 욕망을 가진 사람으로 여긴다는 것이다. 건강은 중요하지만 본질적 가치를 대체할 수는 없다. 음식의 본질은 맛이고, 휴대폰은 휴대하기 편리해야 한다. 그런데 영양은 있지만 맛없는 음식, 문자는 잘 보이지만 휴대할 수 없는 휴대폰처럼 시니어 전용 제품은 본질을 쉽게 희생한다. 시니어를 배려한다고 만들었지만, 정작 시니어들의 외면을 받는 이유가 여기에 있다. 시니어의 욕망은 단일하지 않다. 시니어는 건강에 미친 건강기능식품 마니아가 아니다. 자녀들의 52%는 부모님 추석 선물로 건강기능식품을 가장 먼저 떠올리지만, 정작 부모들이 가장 받고 싶은 선물은 패션·의류·잡화다. 눈여겨볼 것은 응답이 매우 다양하다는 점이다. 도드라진 1위가 있는 게 아니라 패션·의류·잡화(15.6%), 건강기능식품(13.8%), 신선식품(13.8%), 생활·미용 가전(10.1%), 가공식품(9.2%), 안마용품(8.3%), 주방가전(6.4%)이 소폭의 차이를 두고 차례대로 꼽혔다. 부모의 바람은 자녀의 생각보다 다양하다. 시니어의 욕망도 마케터의 생각보다 훨씬 다양하다. 일본 최대 광고회사 덴쓰Dentsu의 표현처럼 시니어 시장은 '다양한 마이크로 시장의 집합체'다. 75%라는 거대 시장이지만 단일시장이 아니다. 지금 우리에게 필요한 것은 이 거대한 시장을 작은 조각segments들로 가르는 시니어의 욕망을 발견하는 능력이다.

세 번째 오해는 노년을 인생의 완결로 여긴다는 것이다. 영화로 치면 클라이맥스와 엔딩 크레딧 사이, 이야기는 끝나지 않았지만 결말은 예상되는 시기로 말이다. 우리는 시니어에게 '전성기 때처럼', '젊었을 때처럼' 같은 표현이나 '여전히 아름답다'라거나 '젊었을 때보다 낫다'는 말을 서슴없이 사용한다. 너무 무례하다 생각지 않는가? 시니어는 너무 쉽게 자신의 과거와 비교당한다. 시니어는 더 이상 성장하거나 발전할 수 없는 사람처럼 여겨진다. 하지만 누구에게나 그렇듯 삶은 현재진행형이다. 시니어라고 해서 과거형으로 살지 않는다. 시니어도 도전하고 성장하며 모험을 떠나고 새로움을 추구한다. 그들 인생에서 끝난 것은 아무것도 없다. 이 세번째 오해를 거두지 않으면 우리는 시니어의 욕망을 절대 상상할 수 없을 것이다. 아이폰을 욕망한 적 없던 것처럼 때때로 욕망은 창조되고, 새로운 시장을 만든다. 고정관념을 깨야 비로소 시장이 열린다.

새로운 시니어의 탄생

"아름다운 50대가 늘어나면 일본은 변한다."

1997년 시세이도의 시도는 고객의 공감을 얻지 못했지만 2015년에는 달랐다. 시세이도는 50대 이상 여성 고객을 위한 시니어 전용 화장품 브랜드 프라이어 Prior를 론칭했다. 당시 일본에서는 이미

50대 이상 여성 고객이 화장품 매출의 절반을 차지하고 있었다. 프라이어 출시에 앞서 시세이도가 6,672명의 시니어 여성을 조사한 결과, 이들은 이전 시니어와 다른 인식을 갖고 있었다. 특히 '나이를 되돌리고 싶다, 어리게 보이고 싶다'는 생각보다는 '나이와 관계없이 새로운 것에 도전하고 언제나 설레면서 빛나고 싶다'는 의식이 강했다.

시세이도는 시니어 여성의 니즈에 맞춰 '빛나는 아름다움'에 집중했다. 그들은 어려 보이기보다는 현재 나이에서 건강하고 매력적으로 보이기를 원했고, 시세이도의 솔루션은 피부와 머릿결에 윤기를 더해 빛나는 아름다움을 선사하는 것이었다. 더불어 아이섀도 뚜껑과 개폐 부분은 본체와 대조되는 붉은색으로 디자인해 백내장에 걸렸거나 시력이 떨어진 고객을 배려했다. 백내장이 있으면 초록과 파랑이 칙칙해 보인다고 한다. 붉은색은 시니어의 눈길을 끌기에도 유리했다. 프라이어는 여느 화장품처럼 스킨케어와 메이크업 라인을 기본으로, 시니어 여성의 공통적인 고민인 헤어케어 라인을 추가로 만들었다. 백발이 눈에 띄지 않도록 해주는 컬러 컨디셔너나 백발을 가리는 헤어 파운데이션 등을 판매한다. 나이에 기반한 피부와 헤어 고민에 집중한 결과다.

1997년에는 틀렸지만 2015년에는 맞았다. 2015년의 50대는 1997년의 50대와 달랐다. 그들은 나이를 부정하거나 부끄러워하지 않았다. '아름다움은 젊음의 것'이라는 고정관념도 없었다. 그렇기에 나이가 들었다는 이유로 자신의 아름다움을 포기하지 않았다. 프라이어라는 브랜드 이름처럼 그들은 '자기 자신을 무엇보다 아끼고 스스로 빛나는 여성'으로 새로운 시니어가 되었다.

시대가 변했다. 시장의 화두는 안티에이징anti-aging이 아니라 웰에이징well-aging으로 변화하고 있다. '아름다움=젊음'이라는 공식도 깨지기 시작했다. 2005년 미용 및 생활용품 회사 도브는 영국 런던의 한 요양원에 살고 있는 96세의 아이린 싱클레어를 모델로 기용했고, 2013년 뷰티 기업 로레알은 70세의 여배우 제인 폰다를 뮤즈로 내세웠다. 2015년 프라이어의 론칭은 너무 늦지도, 너무 빠르지도 않은 시대의 선택이었던 셈이다. 우리는 시니어를 바꿀 수 없다. 그들은 스스로 변화하고 있고, 시대와 세대가 그들을 바꿀 뿐이다. 우리가 바꿔야 할 것은 실버가 아니라 실버산업이다.

100세 시대, 마케터의 모험

'시니어'라는 이슈는 시니어 시장에 한정되지 않는다. 지금의 시니어는 '100세 시대'의 출발에 서 있는 모험의 당사자일 뿐이다. MZ세대를 포함한 사회의 구성원들이 다 함께 새로운 노년의 상, 새로운 어른의 모습을 만들어가고 있다. MZ세대는 다양한 시니어의 모습을 보며 자신의 미래를 선택해간다. 그 선택지는 많을수록, 매력적일수록 좋다. 따라서 브랜드가 시니어를 어떤 모습으로 그려내는가는 누가 더 매력적인 미래를 제시하는가의 싸움이기도 하다. 그러므로 마케터에게는 현실의 반영을 넘는 상상력이 필요하다.

이 책은 너무 늦었고 또 너무 이르다. 2025년에 우리는 65세 이상 인구가 전체 인구의 20%를 넘는 초고령 사회에 진입한다. 겨우

3년 남은 시점에 시니어 시장을 이야기한다는 점에서 늦었다. 그러나 성공 공식을 도출할 만큼 좋은 사례가 쌓이지 않았다는 점에서 이르다. 이 책에서 다룬 사례들은 '성공 사례'가 아님을 미리 말해둔다. 시니어 시장에 어떻게 접근할 수 있는지 가능성을 보여준 '좋은 시도'라고 보는 게 맞다(성공과 실패를 논하기에 너무 이른 사례들도 있기 때문이다).

또한 시니어 시장을 특정 세대로 구분하거나 한정하지 않았다. 실제 시장이 그렇지 않기 때문이다. 법적 기준으로 65세 이상에 해당하는 시니어는 베이비붐 세대다. 그러나 4050세대인 X세대도 시니어 시장의 특징을 형성하는 중요한 인구층이다. 시장에서는 세대별 특징보다 동시대를 살아가며 공유하는 공통점이 더 크게 작용한다. 포괄적인 시니어 시장 안에서 경제 수준과 건강 상태, 가구 형태와 라이프스타일에 따라 다양한 마이크로 시장이 형성된다.

지금은 우리 모두가 시니어 시장을 조금씩 두드리고 시도하며 작은 실패와 성공을 쌓아가는 시기다. 완벽한 결론을 낼 때가 아니라 사례와 인사이트를 빠르게 공유하는 게 더 도움이 된다. 그런 생각으로 너무 이르고 많이 투박하지만 지금까지의 발견을 공유해본다.

1장

나이를 버리면

비로소 보이는 것들

시니어 비즈니스의
새로운 출발점, X

우리나라 인구 비중 추이를 살펴보면, 2021년 기준으로 50대가 1위(16.6%), 40대가 2위(15.9%)로 전체 인구의 가장 큰 비중을 차지하고 있다. 이 연령대는 앞으로의 시니어 프로토타입^{prototype}을 결정할 것이다. 그들이 현재 먹고, 마시고, 입고, 즐기는 것들은 이들이 고령의 시니어가 되어도 유지될 가능성이 크다. 단순히 유지되는 것이 아니라 브랜딩 차원에서 의미 있는 기준을 제공해줄 가능성이 높다.

시니어 시장에 주목하는 이유: 80%의 시니어

시니어 시장을 이해하기 위해 한국보다 앞서 고령 사회에 진입한 일본을 보자. 일본응용노년학회가 발표한 '고령자 생활기능 분포모델'에 따르면 일상생활 기능에 '요양이 필요한 사람'이 5%, 부분적인 지원이 필요한 '허약한 사람'이 15%이며 나머지 80%는 자립할 수 있는 사람이다. 이제껏 실버산업을 통해 본 불우하거나 약한 노인은 전체의 20%에 불과한 셈이다. 그러니 '노년은 대체로 불우하며 노인은 반드시 약한가?'[1]라고 묻는다면 대답은 정반대다. 노년은 대체로 불우하지 않으며 노인은 대부분 약하지 않다. 80%의 노인들이 경제적으로 안정적이며 건강하다.

65세 이상이면서 가난하지도 부유하지도 병약하지도 않은 80%의 노인, 이들을 위한 시장은 아직 열리지 않았다. 그것이 우리가 시니어 비즈니스에 주목해야 하는 첫 번째 이유다. 그렇다면 이 80%를 위한 시장은 왜 무주공산으로 남아 있는가? 복잡하기 때문이다. 노년은 나이보다는 건강 상태와 재정 상황에 따라 니즈가 달라진다. 더불어 가족구성, 교육 수준, 라이프스타일, 가치관 등도 작용한다. 1인 노인 가구라 하더라도 결혼 경험이 없는 시니어와 결혼 후 이혼이나 졸혼을 겪은 시니어는 다르다. 자녀나 손주의 유무에 따라서도 사고방식과 라이프스타일이 달라진다. 외양이 비슷해 보여도 살아온 경험이 다르므로 시니어라는 개별적 존재는 매우 독특하다. 그래서 시니어 시장은 다양한 소비패턴을 나타내게 된다.

이 시장은 하나의 거대한 시장이 아니라 다양한 마이크로 시장의 집합체로 보는 것이 옳다. 거대한 '하나'의 덩어리가 아니라는 사실이 실망스러운가? 그렇다면 두 번째 이유로 가자.

가장 큰 인구 블록, 노년층에 진입하다

우리나라에서 가장 큰 인구 블록은 베이비붐 세대다. 베이비붐 세대의 맏이인 1955년생 71만 명이 2020년 65세로 법정 노인 대열에 합류했고, 2021년에는 1956년생 68만 명이 진입했다. 한국의 베이비붐 세대는 1955년부터 1974년까지 약 20년 동안 태어난 사람들로 전체 인구의 32.3% 정도를 차지한다.

베이비붐 세대는 X세대, 밀레니얼 세대 그리고 산업화 세대의 규모를 뛰어넘는 가장 큰 인구 블록이다. 이들이 2020년부터 은퇴를 시작하고 노인 인구로 편입되기 시작했다. 향후 20년간 매년

인구 분포

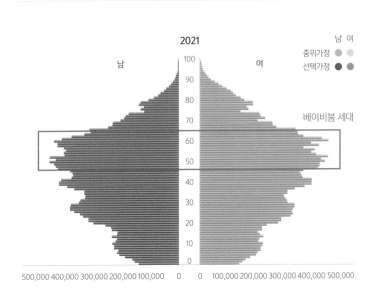

출처: 통계청, 〈장래인구추계 2019〉

70~90만 명씩 법정 노인이 되고, 그만큼 시장 규모는 커지게 된다. 물론 여러 사회적 문제가 시장에 영향을 주기 때문에 시니어 비즈니스를 무조건 낙관할 수만은 없다. 그럼에도 베이비붐 세대의 진입으로 실버시장은 유일하게 성장하는 시장이 될 가능성이 높다. 베이비붐 세대가 시니어가 된다는 것은 단순히 시장의 양적 성장만을 의미하지 않는다. 세 번째 이유로 가자.

시니어 시프트 시대의 도래

노인 인구에 편입되기 시작한 베이비붐 세대는 산업화 세대로 불리는 현 노년층과는 여러모로 다르다. 모두 지독한 가난을 경험했지만 베이비붐 세대는 직접 전쟁을 겪지 않았고, 가장 가난한 나라가 선진국이 되는 성장의 역사를 맛보기도 했다. 베이비붐 1세대(1955~1964년생)는 산업 일꾼으로 경제를 성장시켰고, 2세대(1965~1974년생)는 민주화의 주역으로 사회를 성숙시켰다. 교육 수준도 높아졌고, 다양한 방법으로 부를 축적했다(부모보다 가난한 첫 세대로 평가받는 밀레니얼 세대가 바로 베이비붐 1세대의 자녀들이다). 이들은 노년이 되어도 부를 유지하는 세대다. 아마도 이들 세대부터 불우하고 병약한 노년의 이미지가 깨지지 않을까. 베이비붐 세대는 '액티브 시니어', '뉴 식스티'라 불리며 시니어 비즈니스를 더 두텁고 다채롭게 변화시킬 것이다.

더불어 '신세대'라 불렸던 X세대가 베이비붐 세대 다음으로 시니어 시장에 진입한다. 뒤에서 곧 살펴볼 X세대는 20대부터 '트렌드 세터'로 살아왔다. 그들이 제시하는 트렌드는 윗세대와 아랫세대에 모두 영향을 주었다. 이들이 합류한다면 시니어 시장은 규모뿐 아니라 다른 세대에 대한 영향력도 막강해질 것이다.

'시니어 시프트senior shift'는 시장의 무게 중심이 젊은 층에서 시니어로 바뀌는 현상을 가리킨다. 막강한 인구 규모 탓에 시니어가 비즈니스의 주요 타깃이 된다는 표면적 의미뿐 아니라 시장의 트렌드를 이끄는 주인공 역시 시니어가 된다는 함의를 기억하자. 향후 시니어가 젊은 층을 향해 문화와 트렌드를 전파하는 날이 올 것이다. 이것이 우리가 시니어 시장에 주목하는 세 번째 이유다.

뉴시니어, 역사상 가장 자유분방했던 X세대

베이비붐 세대를 포함하는 현재의 시니어 비즈니스는 분명 새로운 시장이다. 그러나 앞으로의 시니어 비즈니스는 마지막 세 번째 이유인 질적으로 다른 노인의 등장, 즉 예비 시니어인 X세대가 시니어에 진입할 때부터가 진정한 출발점이다. '영포티'라 불리는 X세대는 20대 때부터 지금까지 줄곧 한국의 중위연령에 해당했던 사람들이다. 중위연령이란 총인구를 연령순으로 나열할 때 정중앙에 있는 사람의 해당 연령을 말한다. 그들이 20대였을 때 한국의 중위연령은 20대였다. 그들이 40대가 된 현재 한국의 중위연령은 44.3세(2021년 기준)다. 나이로 보면 그들은 늘 중심에 있는 사람들이었고 자기의 나이와 사회의 나이가 일치했던 삶을 살아왔다.

X세대라는 말은 그들이 20대일 때 붙여졌다. 그 이전 20대와 매우 달랐기 때문에 도무지 알 수 없다는 뜻에서 'X'라 부른 것이다. X세대는 개성과 취향을 자유분방하게 드러냈다. 그게 뭐 그렇

게 새로운가 싶지만, 베이비붐 세대나 해방 세대(또는 한국전쟁 세대인 1954년 이전 출생자들)에게는 그랬다. X세대가 '나'를 이야기했기 때문이다.

20대의 X세대는 대중문화에 새로운 바람을 일으키는 '요즘 젊은 애들'이었다. 새로운 문화는 그들 사이에서 형성되어 전 연령으로 확산되었고, 그들은 대중문화의 중심에 서서 발신자 역할을 했다. 그런데 40대가 된 현재에도 그들은 여전히 중심에 있다. 20대에는 그들을 주인공으로 한 〈남자 셋 여자 셋〉(1996~1999년 방영한 MBC 청춘 시트콤)이 대중의 사랑을 받았다면, 40대가 된 지금 역시 그들의 이야기를 그린 tvN 드라마 〈응답하라〉나 〈슬기로운 의사생활〉 시리즈가 인기를 모았다. X세대는 항상 대중문화의 중심에 있었기에 나이가 들어도 여전히 그들이 만드는 (또는 그들을 타깃으로 하는) 문화와 트렌드가 중요하다. 다양한 트렌드의 진원지가 될 확률이 높기 때문이다.

X세대는 나이가 들었다고 해서 순순히 좁은 선택지의 세계로 들어갈 사람들이 아니다. 오히려 기존 브랜드들이 왜 자신들과 함께 성숙해가지 못하는지 의아할 뿐이다. 나아가 이들은 불만을 참지 않는다. 없으면 만든다. 폐경기 이후 여성을 타깃으로 한 새로운 시장을 만들어가는 주체도 폐경기에 가까워지고 있는 X세대라는 점을 주목해야 한다. 그들이 시니어가 되었을 때 기존과 다른 시니어가 되리라는 것은 어렵지 않게 짐작할 수 있다. 무엇보다도 X세대는 현재 대한민국에서 가장 구매력 있는 소비자다. 그냥 돈을 많이 쓰는 것이 아니라 가장 최신의 트렌드를 소비한다. 이들의 나

이는 베이비붐 세대에 근접하고 있지만 성향은 밀레니얼 세대에 훨씬 가깝다. X세대가 만들어갈 시장은 베이비붐 세대와 다르지만 밀레니얼 세대가 따라갈 가능성이 크다는 이야기다. 그러므로 앞으로의 시니어 시장에 주목한다면 X세대까지 시선을 확장해야 한다.

aged가 아닌
ageless로 바라볼 때

"실버산업에는 실버가 없다"는 말이 있다. 시니어를 시니어라 부르는 순간 시니어들의 외면을 받기 쉽다는 것이다. 불과 얼마 전까지만 해도 노년의 이미지는 부정적이었기에 시니어들조차 시니어라 규정되기를 원치 않았다. 하지만 지금은 다르다. 안티에이징이라는 말이 사라지고 있는 것처럼 나이 듦을 받아들이고 긍정하려는 경향이 커지면서 시니어를 호명하는 데 대한 거부감도 줄고 있다. 그렇다면 우리는 시니어 시장에 어떻게 접근해야 할까? 나이for aged를 노골적으로 드러내 타깃에 분명한 메시지를 전달하는 게 좋을까? 아니면 에이지리스ageless, 즉 나이에 상관없이 누구나 접근할 수 있는 브랜드로 소구하는 게 좋을까?

'실버산업에는 실버가 없다'라는 명제는 실버산업의 핵심은 '탈脫실버'라는 거울상을 갖는다. 이 명제가 맞는지를 확인하려면 먼저 실버산업 밖을 둘러보자. 실버를 위한 것은 아니지만 실버가 사랑한 브랜드 말이다.

시니어'도' 사랑한 스타벅스와 애플

스타벅스는 시니어(5070세대)가 가장 선호하는 브랜드 중 하나다. 빅데이터 분석 플랫폼 생활변화관측소가 2018년 조사한 데이터에 따르면 시니어들은 스타벅스를 '일요 예배 끝나고 아들, 손녀랑 같이 밥 먹고 아메리카노 한잔하러 가는 곳'으로 인식하고 있다. 우리는 여기서 '실버'라 특정 짓는 브랜딩이 가진 위험성을 살펴볼 수 있다. 이 분석 결과에 따르면 시니어가 선호하는 브랜드는 젊은 층(2040세대)이 선호하는 브랜드와 별반 다르지 않다. 2040세대와 5070세대가 좋아하는 식음료 브랜드 상위 20개 중 12개가 일치한다. 비非시니어 타깃과 시니어 타깃의 선호 브랜드 간 정합성이 60% 이상이라는 점은 시니어 브랜딩을 기획하기에 앞서 꼭 살펴봐야 할 대목이다.[2]

런던과 싱가포르에서 실시한 애플의 아이패드2를 사용하는 소비자 나이에 관한 조사 결과를 보면 실버산업에 관한 생각이 좀 더 바뀔지 모르겠다. 아이패드2 사용자 중 상당수(46%)가 55세 이상의 중장년이었으며, 이들의 사용 만족도 역시 높았다.[3] 실버산업 컨설팅 전문가 킴 워커Kim Walker는 실버산업이라고 해서 노인에만 집중할 것이 아니라 나이와 관계없이 사용하면서 노인에게 더할 나위 없는 편안한 제품을 만드는 것이야말로 실버산업의 성공 확률을 높이는 길이라 말한다. 애플의 아이패드2는 컴퓨터를 잘 모르는

시니어가 선호하는 외식 브랜드

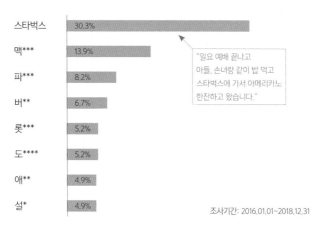

스타벅스	30.3%
맥***	13.9%
파***	8.2%
버**	6.7%
롯***	5.2%
도****	5.2%
애**	4.9%
설*	4.9%

"일요 예배 끝나고 아들, 손녀랑 같이 밥 먹고 스타벅스에 가서 아메리카노 한잔하고 왔습니다."

조사기간: 2016.01.01~2018.12.31

출처: 생활변화관측소

사람도 금방 적응할 수 있는 직관성을 가졌다. 더불어 애플 스토어의 기기 디스플레이, 밝은 조명, 편안한 의자는 모든 연령층에 편안한 브랜드 경험을 제공한다. 중장년층이 주 고객층이라는 사실이 브랜드 이미지 면에서 달갑지만은 않을 수 있다. 하지만 노년층으로 무게 중심이 이동하는 메가트렌드를 감안할 때, 아이패드2가 일반 의료기기나 간호 로봇보다 더 높은 만족도를 보인다는 사실은 브랜드로서 의미 있는 일이다.

애플워치도 좋은 사례다. 화면 크기를 키워 사용 편리성과 가독성을 높였다. 애플워치 7세대는 화면이 꺼지지 않는 상시 표시형 디스플레이를 채택하고 실내에서 손목을 내릴 때 자동으로 더 밝아지도록 했다. 화면을 보기 위해 손목을 들어 올리거나 화면을 터치해야 하는 불편은 덜어내고 다양한 자세에서도 잘 보이도록 편리함을 더한 것이다. 운동 및 건강관리 기능도 매력적이다. 운동기록, 수면추적, 알약 섭취관리 등 간단한 기능에 심방세동 추적, 낙상감지 및 긴급구조요청 서비스, 심전도 및 혈중산소포화도, 그리고 여성 배란주기 측정이 추가되었다. 특히 낙상감지 및 긴급구조요청 기능 덕에 교통사고를 당한 사람, 강풍에 조난당한 서퍼, 작업 중 사다리에서 떨어진 농부 등이 구조되었다(이는 애플워치 광고의 소재가 되기도 했다). 무엇보다 집에서 혼자 있다가 넘어진 시니어에게 결정적 도움이 되었다. 낙상을 감지한 애플워치가 긴급통화를 자동으로 연결해 늦지 않게 구조받을 수 있다. 애플워치는 누가 사용해도 유용하고 편리하다. 모두를 위해 만든 편리함이지만 시니어가 가장 큰 수혜를 누렸다.

모든 여성을 타깃으로 한 커브스

커브스Curves는 1992년 미국에서 시작해 현재는 90개국에 진출해 있는 세계 최대의 여성 전용 피트니스 센터다. 여성의 편의와 신체적 특성을 고려한 '30분 순환 운동 프로그램'이 핵심이다. 여성 전용이라 화장이나 옷차림에 신경 쓸 필요가 없고, 30분만 하면 되니 과도하게 땀이 나지도 않으며, 중간에 포기할 만큼 어렵거나 힘들지도 않다. 둥글게 배치된 12가지 운동기구는 개개인의 체력, 근력, 운동경험을 고려해 강도를 조절할 수 있다. 나이와 체력에 관계없이 누구나 운동을 즐기게 하려는 배려다. 또한 얼굴을 마주 보며 운동하는 구조(원형 배치)라 회원들끼리 자연스럽게 교류할 수도 있다. 업체 입장에서는 땀이 날 정도의 강도 높은 운동은 아니라 샤워시설이 필요 없고 운동 시간도 짧아 많은 회원을 받을 수 있다는 장점이 있다. 가격도 저렴한 편이다.

커브스에 따르면 우리나라의 경우, 커브스 이용자의 80%가 2040세대로, 50대 이용자는 10%, 60대 이상은 5%에 불과하다. 이에 반해 우리보다 일찍이 고령화 사회로 진입한 일본은 2020년 기준 2천여 개 지점을 운영하며 83만 명의 회원을 보유하고 있다. 그중 40대 이하 고객은 10%에 불과하고 나머지 90%가 50대 이상이다. 60대가 37%로 가장 많고 그다음으로 70대(28%)와 50대(20%) 순이다. 80대 이상도 5%를 차지한다. 2025년이면 초고령 사회로 접어드는 우리나라도 곧 일본과 유사한 흐름을 보일 것으로 예상된다.

커브스는 노년층을 타깃으로 하지 않는다. 모든 여성이 타깃이다. 여성들이 나이, 체형과 관계없이 언제나 쉽게 운동할 수 있도록 그들이 느끼는 신체적, 심리적, 경제적, 사회적 장벽을 최대한 낮췄다. 그 결과 노년층도 쉽게 진입할 수 있었다. 만약 커브스가 여성 노년층만을 타깃으로 했다면 한두 가지 큰 불편을 해소하는 데에만 집중했을 것이다. 오히려 여성 전체를 타깃으로 했기에 여성을 입체적으로 이해하고 전반적인 만족을 끌어낼 수 있었다.

스타벅스, 애플, 그리고 커브스의 공통점은 다양한 사람들의 공통적인 니즈를 해결했다는 것이다. 젊든 늙든 사람의 욕망은 다르지 않다. 적어도 본질적 니즈는 그렇다. 편안한 분위기에서 맛 좋은 커피를 즐기는 것은 누구나 좋아한다. 설명이 필요 없는 직관적 인터페이스와 세련된 디자인은 모두에게 매력적이다. 나이와 체형, 체력에 상관없이 운동할 수 있는 환경을 누가 싫어하겠는가? 시니어와 다른 연령층의 니즈가 다르지 않다면 브랜딩 전략은 당연히 에이지리스가 되어야 한다. 만약 포 에이지드 for aged 전략을 취할 거라면 반드시 시니어를 위한 특화된 제안이 필요하다. 시니어가 자신만을 위한 혜택이라고 생각할 수 있는 부분이 꼭 있어야 한다.

취향에는 나이가 없다

2019년 의류 브랜드 써스데이 아일랜드 Thursday Island는 봄 캠페인으로 실제 모녀관계인 배우 이열음과 윤영주가 참여한 화보를 공개했다. 이 화보의 제목은 "Between You&Me"였는데, 엄마와 딸이 하나의 옷장을 공유하며 서로 스타일링해주는 모습을 담은 에이지리스 캠페인이었다. 캠페인은 성공적이었고, 2019년 상반기 롯데백화점 본점 매출 1위를 기록했다.[4]

에이지리스 패션 트렌드를 주도하는 층은 MZ세대와 젊은 시니어들이다. MZ세대는 90년대에 유행했던 스타일을 뉴트로로 소화하며 특유의 감성을 즐긴다. 이들은 젊은 감각을 유지하면서도 편하게 입을 수 있는 옷을 선호한다. 그 덕에 에이지리스, 트렌드리스, 시즌리스 콘셉트를 가진 브랜드들이 편안한 데일리 웨어로서 충성 고객을 늘려가고 있다.[5] 2019년 11월 현대백화점은 판교점에 에이지리스 편집숍 코너스 CORNER'S를 오픈했다. 100평 규모의 매장은 절반이 체험형이다. 뜨개질 클래스를 들으면서 용품을 구입할 수 있는 콘셉트 스토어 미스티코티타 Mystikotita가 입점했고, 그 외 다양한 강좌를 운영하며, 그동안 백화점에서 판매하지 않았던 브랜드들의 모자, 머플러, 가방 등의 아이템과 리빙 제품을 제안한다.[6] 누가 봐도 엄마 옷 혹은 애들 옷으로 보이는 특정 타깃만을 위한 제품은 없다. 어느 연령층이 입어도 소화할 수 있는 패션 제품이 주를 이룬다.

패션업계에서 나타나는 에이지리스 현상은 거스를 수 없는 큰 흐름이 되었다. 나이와 스타일의 상관관계가 점점 약해져 후드티를 입은 40대, 정장 재킷을 입는 10대가 낯설지 않다. 자라^{ZARA}나 H&M 같은 SPA 브랜드 매장에 가면 다양한 나이대가 섞여 있는 풍경이 흔하다. 나이대별로 삶의 모습이 비슷했던 (이른바 라이프 스테이지별로 고객 분류가 가능했던) 시대가 끝나면서 복장에 대한 관념과 규범도 급속히 해체되고 있다. 가족 세대 간 관계가 수평적으로 바뀌는 경향도 에이지리스를 더 가속화시키는 요인이다. 취향과 경험을 공유하는 자매 같은 모녀, 친구 같은 부자가 늘면서 이들을 함께 만족시킬 수 있는 브랜드가 늘고 있다. 에이지리스의 흐름은 젊은 세대와 시니어 세대 모두에게 차별성을 얻을 수 있는 전략이다.

시니어를 '프리미어 에이지'로
규정할 때

앞서 스타벅스, 애플, 커브스 등의 사례를 통해 브랜드가 모든 세대
의 공통적인 니즈를 해결하는 과정에서 전반적인 지지를 얻고, 무
엇보다 시니어의 호응을 효과적으로 끌어내는 에이지리스 전략에
대해 살펴봤다.

　이제 포 에이지드 전략, 즉 나이로 접근한 사례를 보자. 일본 최
대의 서점 프랜차이즈인 츠타야TSUTAYA 서점을 운영하는 기업 컬처
컨비니언스 클럽CCC의 '츠타야 T사이트'와 소고&세이부SOGO&SEIBU
백화점 전시에서 시작한 '라이프 디자인 살롱'이다. 이 두 브랜드는
시니어에게는 그들만의 특별한 니즈가 있다는 점에 주목했다. 이
들 브랜드가 발견한 특별한 니즈는 브랜드의 콘셉트부터 콘텐츠까
지 모든 것을 결정했다.

츠타야가 쏘아 올린 작은 공

복합문화공간 츠타야 T사이트를 모르는 사람은 거의 없지만, 이곳이 중장년층을 위한 공간으로 계획되었다는 사실을 아는 사람은 적을 것이다. 츠타야 브랜드가 화제가 된 것은 2011년 도쿄 다이칸야마에 복합문화공간 T사이트를 기획하여 크게 성공한 이후부터다. 츠타야 T사이트 공간기획의 출발점은 일본의 인구 유형 분석이었다. 당시 일본은 젊은 층이 계속해서 줄어들고 있었고, 60세 이상의 노년층 증가가 가속화되고 있었다. CCC는 만약 츠타야가 60세 이상의 고객인 프리미어 에이지premier age의 주목을 끌지 못한다면 궁극적인 위기가 될 것이라고 생각했다.

그렇다면 T사이트는 어떻게 프리미어 에이지의 주목을 끌었을까? 경제적 여유가 있고 자신의 취향에 맞는 라이프스타일을 누리려는 일본의 50~60대 단카이 세대는 프리미어 에이지의 핵심이다. 이들은 일본의 성장과 함께 자라나 많은 것을 경험했고 새롭게 도전했던 사람들이다. 이들의 풍부한 문화 소양을 자극하기 위해서는 기존의 서점과 다른 방식의 공간이 필요했다. T사이트의 기획자들은 장르가 아닌 라이프스타일별로 서적 코너를 구분하고 서양 서적과 중고 서적을 갖춰 상품 구색에 깊이감을 더했다. 라이프스타일 제안력이 제일 뛰어난 매체인 잡지 코너를 강화하여 콘텐츠를 차별화했고, 프리미어 에이지의 주요 관심사인 건강에 집중해 요리 관련 제품을 함께 제안했다. 또한 프리미어 에이지가 여가를 즐기는 방식을 연구하여 여행, 주택, 반려동물, 자동차 등의 테마를 마련해 나이가 들어도 자기다움을 잃지 않고 여전히 멋지게 살 방법에 관해 이야기했다.

기상 시간이 이른 프리미어 에이지를 고려해 매장 오픈 시간을 아침 7시로 한 것, 매장 내에 반려동물을 위한 동물병원과 정원을 마련하고, 곳곳에 반려동물 식수대를 배치한 것, 고령층이 선호하는 전동 자전거 매장을 연 것 등만 봐도 츠타야의 기획 방향을 엿볼 수 있다. 특히 프리미어 에이지 여성 전용 에스테틱 살롱과 남성들의 주요 취미를 반영한 카메라 전문점, 손주를 위한 친환경 장난감 전문점 입점 등은 프리미어 에이지 타깃에 대한 세심한 관찰 없이는 해낼 수 없는 기획이다. 자가용 이용이 어려운 사람들을 위해 택시 승강장을 마련하고, 그 승강장이 잘 내려다보이는 곳에 위치한 라운지 안진Lounge Anjin은 T사이트의 대표 장소다. 책과 함께 커피, 술, 식사를 즐길 수 있는 라운지 안진은 과도하게 눈을 자극하는 디자인과 상업적 요소를 최대한 배제하여 고객이 내 집처럼 이용할 수 있도록 배려했다.

CCC의 최고경영자 마스다 무네아키의 말대로 T사이트는 '사람에게 풍경을 느끼게 하는 빛과 눈의 위치'가 건축과 인테리어에 적절히 반영된 곳이다. 그는 이것을 '휴먼 스케일human scale'이라 표현했다. 사람이 무언가를 느끼기에 가장 적합한 위치나 균형을 뜻하는데, 이 휴먼 스케일이 '편안함'의 본질이라고 본 것이다.[7] 고객이 풍경에 자연스럽게 스며드는 공간, 모노톤 유니폼을 입은 종업원이 차분하게 함께하는 이 휴먼 스케일 공간은 프리미어 에이지 고객뿐 아니라 일본에 체류하거나 방문 중인 외국인들, 젊은 크리에이터들을 끌어들였다. 개점 고지 이전부터 저절로 찾아온 세련

T사이트에서는 각 건물을 연결하는 '매거진 스트리트Magazine Street'에

배치된 잡지를 통해 전 세계 최신 라이프스타일을 엿볼 수 있고,

커피와 술, 음식과 함께 책을 읽을 수 있는 라운지 안진도 즐길 수 있다.

된 고객들 덕분에 프리미어 에이지를 타깃으로 했던 공간은 젊은층이 더 좋아하는 핫플레이스가 되었다.

T사이트의 사례는 시니어를 위한 기획에 중요한 힌트를 던져준다. 제대로 기획되어 섬세하게 설계된 브랜드라면 타깃으로 한 중장년층에게 당연히 통할 것이고, 그 관통지점을 공감하는 젊은 세대까지도 무리 없이 스며들 수 있다. 츠타야 T사이트는 시니어의 욕망은 다른 세대의 욕망과 큰 면적의 공통분모를 갖는다는 사실을 말해주는 중요한 사례다.

CCC는 1983년 츠타야 서점으로 시작했다. 책, 영화, 음악을 통해 젊은이들에게 라이프스타일을 제안하겠다는 취지였다. 그리고 2011년 그들은 츠타야 T사이트를 만들었다. 여전히 라이프스타일을 제안하지만 대상은 막 노년에 접어든 시니어, 츠타야 서점을 처음 시작했을 때 타깃으로 했던 30년 전의 젊은이들이다. 80년대에는 이 젊은이들이 일본의 대중문화를 이끌었다. 문화의 중심에 그들이 있었고 츠타야 서점에서 사회 전체로 퍼지는 파장을 만들었다. 이제 그들은 중장년층이 되었지만, 츠타야 T사이트에서 보듯 여전히 문화의 중심에 있다. 프리미어 에이지를 위한 문화가 젊은층으로 전파되고 있는 것이다.

모든 세대가 시대의 문화를 공유하고 향유하는 것은 당연하지만, 전파의 방향은 변하고 있다. 비단 문화만이 아니라 시장의 무게중심이 중장년층으로 이동하고 있지 않은가? 츠타야가 쏘아 올린 작은 공 츠타야 T사이트는 시니어 시프트의 신호탄인 셈이다.

삶의 방식을 완성하는 곳

"50세 이후의 삶은 달라져야 한다"는 가설을 세운 백화점이 있다. 2012년부터 소고&세이부 백화점은 "Good Over 50"이라는 주제로 시니어 라이프스타일에 대한 전시를 진행하면서 그들의 가설을 현실로 확인했다. 2016년 6월부터는 사단법인 케어링 디자인 Caring Design과 함께 '라이프 디자인 살롱'이라는 오프라인 매장을 열어 지금까지 시니어 맞춤 주거 리모델링 사업 및 컨설팅을 진행하고 있다.

삶이 바뀌면 공간도 달라져야 한다. 하지만 생각보다 쉬운 일은 아니다. 사람들이 갑자기 집 일부를 바꾸려고 건축가를 알아보거나 만나게 되는 일은 드물다(이사나 집 노후로 인한 문제를 제외하고는 말이다). 그러나 백화점이라는 익숙한 곳에서 쉽게 상담받을 수 있다면 이야기가 달라진다. 접근성이라는 최대 장점을 무기로 가설을 검증하는 시간을 거쳐 숙성된 이들의 아이디어는 시니어들의 마음을 얻었고, 시니어는 평소에 마음에만 담아두었던 고민들을 꺼냈다.

마음속에서 꺼내어진 고민의 크기와 깊이는 모두 달랐다. 아이들과 함께 살다 노부부만 남게 되어 부부 위주의 공간을 만들고 싶다는 생각, 최고의 주거 디자이너에게 나에게 딱 맞춘 설계를 받고 싶다는 열망, 이제는 방이 많이 필요가 없으니 넓게 터서 취미 공간을 가지고 싶다는 계획 등 케어링 디자인은 시니어들의 고민을 듣고 그들이 원했던 공간을 실현시켜주었다. 시니어 100명이면 100명 모두 다 다른 생활 여건과 건강, 재력을 보유하고 있기에 서비스도 아주 단순한 설치에서부터 규모 있는 건축에 이르기까지 다양했다. 서비스 시작 후 약 2만여 명의 시니어가 방문했으며 (2020년 10월 기준), 소규모 주거 보수에서부터 시니어 주거 전반에 대한 리노베이션까지 다양한 규모의 컨설팅을 약 1천 건 이상 진행했다.

최근 케어링 디자인의 유튜브에 업로드된 영상은 흥미롭다. '어른의 생활 기분大人のくらし心地'이라는 다큐멘터리로 앞으로의 시니어 주거의 롤모델이 되는 50대 이후의 멋진 어른의 생활을 소개하는 시리즈를 공개한 것이다. 2020년에 개최한 온라인 세미나 '100년 인생 생활의 디자인'에서 건축가 아베 츠토무의 집을 소개하는 동영상이 크게 호평을 받았던 것을 모티브 삼아 2022년에 한층 더 발전시킨 프로젝트다. 단지 살기 편하고 안전한 거주지를 선택하는 것이 아니라, 각자의 삶의 방식에 따라 하고 싶은 것을 구현하는 사람들을 만나 그들의 이야기를 듣는 이 프로젝트는 오래된 개인 주택을 소박한 여관으로 개조해 전 세계와 연결된 삶을 사는 이야기부터 집을 포팅potting 창고로 꾸며 가드닝과 화초를 가꾸며 사는 이야기까지 다양하다. 이를 보고 있으면 집은 시니어의 욕망을 실현해주는 중요한 요람이라는 생각이 든다. 영상들은 모두 "집은 평생 숙성시켜온 삶의 방식을 완성하는 곳입니다"라는 메시지를 전달한다. 그들은 영상을 통해 시니어의 거주지가 단지 안전한 상자가 아니라 그 사람의 삶을 표현하는 미디어로 변해가고 있다는 것을 보여준다.

우리는 시니어의 주거 공간이라고 하면 문턱을 없애고 미끄럼

@caring-design.or.jp

케어링 디자인 홈페이지와 유튜브를 방문하면

"50대 이후의 멋진 어른의 라이프스타일Good Over 50's Adult Lifestyle"이라는

주제로 소개된 '키무라 탄호의 여관으로 개조한 집'과

'포팅 창고의 주인 케이 이시하라'의 이야기를 엿볼 수 있다.

방지 바닥재를 깔고 곳곳에 가드레일을 설치해야 한다고 생각한다. 하지만 공간의 기능적 변화만이 중요한 것은 아니다. 라이프 디자인 살롱은 시니어에게는 공간에 대한 기능 이상의 욕망이 있음을 보여준다. 나이가 들수록 인간은 개성적 존재가 되어간다. 생애 걸쳐 조각된 개인의 개성이 가장 또렷해지는 시기이자 미뤄왔던 꿈과 욕망을 더는 미룰 수 없는 생의 마지막 시기를 사는 시니어는 분명 이전과 다른 욕망을 품는다. 시니어 개개인의 욕망을 발견해 공간으로 실현하고, 앞으로의 시니어들을 위해 이를 기록으로 남기고 있다는 점에서 라이프 디자인 살롱의 기획은 매력적이다.

가장 현실적인
조언자가 될 때

시니어 시장이 어려운 이유 중 하나는 시니어의 욕망을 알기 어렵다는 것이다. MZ세대처럼 온라인에서의 움직임이 활발하지도 않고, 조사나 연구 자료도 적다. 직접 소비자 조사를 하려 해도 온라인 접근이 쉽지 않고, 오프라인으로 조사를 한다고 해도 그 결과가 시니어 집단을 대변할 수 있을지 확신이 서지 않는다. 우리는 시니어의 진짜 욕망이 아니라 '시니어의 욕망이라고 생각하는 것'을 파악할 뿐이다. 이런 이유로 시니어에게 외면받는 상품이 탄생하곤 한다.

시니어에게 현실적으로 도움이 되는 상품을 만들기란 불가능한 걸까? "비현실적인 꿈과 환상을 보여주기보다 철저히 일상생활 속 시선에 머무는 것이 우리의 경쟁력이다"라고 말하며 독특한 방식으로 시니어의 욕망을 제품화한 브랜드가 있다.[8] 시니어 여성을 위한 생활 잡지이자 쇼핑몰인 하루메쿠^{Halmek}다.

현실 시니어 라이프를 조언하다

일본 ABC 잡지협회 통계에 따르면 2020년 1월 하루메쿠의 판매 부수는 30만 부를 돌파해 일본 여성지 부분 1위, 잡지 전체로는 누적 판매 부수 2위를 차지했다. 일본어로 '봄다워지다'라는 의미의 하루메쿠는 '50대 여성이 더 잘 살길' 바라는 월간 잡지다. 이 잡지는 단권으로는 구매할 수 없고 홈페이지에서 연간 구독을 해야 볼수 있다. 일반적이지 않은 판매방식이지만 실적은 엄청나다. 잡지 대국 일본도 '잡지 불황'이라는 말이 나온 지 오래다. 2018년 기준 총 잡지 판매금액이 5,930억 엔인데, 이 숫자는 최근 10년간 시장 규모가 반토막 났음을 뜻한다. 잡지를 사는 사람도, 잡지에 광고를

@halmek.co.jp

하루메쿠 표지는 '봄다워지다'라는 브랜드 이름의
의미를 잘 표현하고 있다.

올리는 브랜드도 드문 시대에 베스트셀러로 등극하며 역성장을 한 분야가 시니어 잡지라는 점은 매우 흥미롭다.

하루메쿠 잡지가 주목받게 된 계기는 '시니어 눈높이에 맞춘 스마트폰 사용법'에 관한 2018년 2월호 특집 기사였다. 고령층을 위한 스마트폰 사용법을 다룬 이 기사는 '화면이 갑자기 회전한다'거나 '화면 밝기가 갑자기 어두워졌다' 등 독자들이 불편해하는 문제에 대해 하나하나 답하는 방식으로 풀어 쓴 것인데, 매우 구체적인 솔루션이 시니어 독자들에게 큰 호응을 얻었다. 이 특집을 기점으로 하루메쿠 신규 독자가 3만 5천여 명이나 늘었다고 한다. 하루메쿠가 자식이나 손주에게도 일일이 물어보기 애매한 문제에 대한 답을 주었기 때문이다. 잡지가 다루는 내용은 철저히 현실적이며 실용적이다. 평균 독자 나이 65세 잡지답게 '배우자 사망 후 유족연금 산출 방법', '딱 내가 쓸 스마트폰 사용법', '시니어 미용' 등 구체적인 노년의 고민을 다룬다.[9]

아날로그 데이터의 힘

하루메쿠는 어떻게 시니어의 현실적인 니즈를 기사화할 수 있었을까? 바로 리서치 팀인 하루메쿠 라이프스타일 연구소 덕분이다. 젊은 기획자가 시니어들이 좋아할 것 같은 내용을 뇌피셜(뇌와 오피셜을 합친 신조어로 공식적으로 검증된 사실이 아닌 개인의 생각)로 쓰는 것이 아니라 연구소의 정확한 데이터 정보와 실제 시니어 독자의 요구사항을 기반으로 작성한다. 이들이 독자의 요구사항을 얻어내는 방식은 독자 모니터단인 '하루토모'와 '독자엽서'다. 독자엽서는 스마트폰과 앱이 보편화되기 전 라디오 방송국이나 잡지가 독자의 평과 사연을 받는 가장 대표적인 창구였다. 지금도 앱이나 이메일을 통해 전해지는 독자들의 평이 잡지 앞뒤에 실리곤 하지만 순수 개성적인 필체로 쓴 엽서와 우편이라는 소통창구가 지닌 맛과는 다르다. 하루메쿠는 시니어들에게 익숙한 이 엽서를 다시 되살렸고 적극적으로 활용했다. 하루메쿠 편집진은 매주 시니어들이 독자엽서로 보내는 사연을 빠짐없이 읽는다. 여기서 기사로 다루고 싶은 주제나 제품으로 개발하고 싶은 아이디어를 선정한다.

독자엽서를 통해 주제가 좁혀지면 하루토모라는 약 2,600명의 독자 모니터단을 대상으로 설문과 좌담회를 실시한다.[10] 이렇게 수집된 생생한 육성은 잡지의 콘텐츠뿐만 아니라 판매와 독자 이벤트 기획에도 반영된다. 이것이 하루메쿠 콘텐츠가 타깃의 열정적인 지지를 얻을 수 있는 이유다. 하루토모는 홈페이지에 직접 사연을 올리기도 하는데, 경험에서 우러나온 생생한 글을 끊임없이 만날 수 있다. 정제된 기자들의 기사만 싣는 잡지들과 차이가 있다.

시니어의 삶을 총체적으로 바라볼 때

하루메쿠가 수집한 시니어들의 현실적인 니즈는 또 다른 사업과 연결된다. 바로 시니어를 위한 카탈로그 및 온라인 쇼핑몰이다. 하루메쿠의 주요 수익은 잡지 판매보다 시니어 쇼핑에서 비롯된다. 실제로 하루메쿠의 2019년 3분기 매출의 약 80%가 통신 판매였다.[11] 잡지 독자들은 매월 세 권의 책자를 받는데, 한 권은 잡지 본편이고, 나머지 두 권은 건강과 패션 PB상품 카탈로그다. 여기에 실린 상품은 어디서나 만날 수 있는 모두를 위한 상품이 아니다. 정확히 시니어들에게 맞춘 제품들이다. 독자들의 데이터와 생생한 목소리에 맞춰 기획된 상품들이라 구매 만족도도 높다.

예를 들어 '하루메쿠 우리의 의자'는 허리가 불편한 5070세대 여성이 오래 앉아 있을 수 있도록 디자인한 S자 형태의 등받이가 특징이다. 무릎이나 허리가 아파 방석이나 좌식 의자, 소파에 앉기 힘든 여성들이 편안하게 앉을 수 있도록 설계한 제품으로 50대 여성 1,318명의 데이터를 바탕으로 만들었다. 이외에도 속은 깊지만 폭이 좁아 잃어버리기 쉬운 물건들을 편하게 수납할 수 있는 삼단 서랍장, 입기 쉬운 자세 교정용 속옷 등 시니어 특화 상품들이 많다. 카탈로그에 실린 제품들은 자사 몰에서 구입할 수 있는데, 제품 페이지에는 편집부 직원이 직접 체험한 추천평이 있어 선택을 돕는다. 이 PB제품들 중 일부는 직접 체험하고 구입할 수 있도록 오프라인 쇼핑몰도 다섯 군데 운영하고 있다.

어떻게 보면 하루메쿠는 잡지보다는 시니어 플랫폼에 가깝다. 온라인을 메인으로 하지 않았을 뿐 시니어들이 현실적으로 접근 가능한 방법을 제시한다. 카탈로그나 오프라인 좌담회, 독자엽서 같은 아날로그적인 방법으로 그들의 현실 문제를 파악하고 더 가깝게 소통하며 찾아낸 공통의 문제점을 합리적인 방법으로 해결한다. 이처럼 시니어에게 실질적인 생활 솔루션을 제공했기에 하루메쿠는 빠르게 시니어 생활에 파고들 수 있었다. 시니어에 접어들면 생기는 문제와 고민에 대해 함께 머리를 맞대는 모습을 보여준 것이다.

이렇게 쌓인 데이터들은 시니어의 생활 전반에 걸쳐 정교하게 해석되고 적용되어 세상 하나뿐인 독보적 데이터가 된다. 하루메쿠는 시니어들이 활발하게 콘텐츠를 생산하는 콘텐츠 플랫폼이자 커뮤니티며, 시니어 데이터를 쌓고 있는 독보적인 시니어 데이터 기업이라 할 수 있다. 이 모든 것은 시니어 삶의 구석구석을 총체적으로 바라볼 때 가능한 일이다.

현실 네트워킹에 기반한 시니어 플랫폼의 가능성

하루메쿠가 한 것을 또 시도한 브랜드가 있을까? 밀레니얼 여성을 위한 디지털 미디어 및 엔터테인먼트 리파이너리29^{Refinery29}은 2019년 시니어를 향한 현실적 청사진을 보여주었다. 바로 플랫폼 내 'Life Begin At'이라는 시니어 라이프스타일 섹션을 리파이너리59^{Refinery59}로 바꿔 연령에 따른 편견과 차별에 항거하는 플랫폼으로 론칭한 것이다. 이는 AARP(미국은퇴자협회)의 후원을 받아 만든 페이지로, 현실적인 50대 이상 여성의 인생 이야기가 인터뷰 형식으로 실려 있다.

그런데 시니어에게 필요한 것이 정말 편견과 차별에 맞서는 리파이너리59일까? 시니어들이 할 말을 하는 디지털 미디어가 필요한 것은 분명하다. 하지만 시니어에게 진짜 필요한 것은 리파이너리59이 아니라 밀레니얼 세대를 타깃으로 운영 중인 리파이너리29의 '머니 다이어리^{Money Dairy}'일지도 모른다. 머니 다이어리는 2016년에 시작했다. 여자들이 돈 관련 이야기를 너무 안 한다고 생각해서 실제 현실을 사는 사람들의 돈과 재정에 관한 리얼한 이야

2022년 이 섹션은 여전히 리파이너리29에 있지만,
각 글에 달린 30여 개의 코멘트는 아직 업데이트되지 않았다.

기를 담았다. 텍스트 기반의 이 공개 머니 다이어리는 사람마다 다
른 돈 씀씀이를 보여줘 많은 사람들의 관심을 쉽게 얻었다. 송은이
와 김숙이 진행하는 KBS Joy의 〈국민 영수증〉 프로그램과 유사하
지만, 다른 점은 보통 밀레니얼 세대의 한 달을 보여주는 것에 머무
는 것이 아니라 평소에는 접하기 어려운 부유층의 생활상을 익명
으로 보여준다는 점이다. 그들은 리파이너리29에 한 달 쓰임을 거
리낌 없이 공개하고, 인터뷰에 응한다. 어떤 사람들은 이를 보며 세
상의 불공평함에 열을 올리겠지만, 이렇게 고객이 알아서 올려주
는 리얼 머니 데이터는 그대로 리얼 라이프 큐레이션으로 이어지
고, 텍스트만으로 이루어진 콘텐츠이기에 팟캐스트와 같은 서비스
로도 확장하기 쉽다(머니 다이어리는 책으로도 나왔다).

　만약 시니어를 위한 머니 다이어리가 있다면 어떨까? 아마 밀

레니얼에 버금가는 효과를 누릴 수 있을 것이다. 시니어들은 남은 시간을 보내기 위한 아이디어와 높은 식견에 맞는 소비를 제한된 예산 안에서 해결하고 싶어 한다. 이들에게 같은 처지에 있는 시니어들이 사고 싶은 물건을 어떻게 구입하고, 어떻게 한 달을 즐겁게 보내는지, 그 방법을 공유한다면 어디에도 없는 리얼 데이터가 될 것이다. 그리고 이것을 시니어를 위한 토탈 라이프 플랫폼으로 자연스럽게 연결할 수 있을 것이다. 시니어들을 위한 가장 현실적인 조언자가 되는 방법은 기술적으로 절대 어려운 것이 아니다. 중요한 것은 관심이며, 이들의 중요성을 깨닫는 것이다.

시니어 디지털 경험의
재해석

"마우스를 올려보세요"라고 말하자 다니엘은 마우스를 들어 컴퓨터 스크린에 갖다 댄다. 웃프고 막막하다. 영화 〈나, 다니엘 블레이크〉는 복잡하고 관료적인 행정절차 때문에 복지혜택을 받지 못하는 59세 다니엘의 이야기를 다룬다. 가장 큰 고비는 컴퓨터다. 평생 목수로 살아온 그에게 컴퓨터는 낯설다. 그런데 정부는 오직 인터넷으로만 실업급여 신청을 받는다. 다니엘은 실업급여를 받을 수 있을까?

편해지자고 만든 인터넷이 그에게는 종이보다 더 불편했다. 물론 다니엘이 모든 시니어를 대변하는 건 아니다. 우리나라 50대의 95.5%[12]는 스마트폰을 가지고 있으며, 유튜브로 검색하는 비율이 66.6%[13]로 10대 다음으로 높다(2019년 기준). 이런 시니어도 있고 저런 시니어도 있는 것이다. 이러한 집단 내 차이는 디지털 영역에서 특히 더 두드러진다. 시니어의 디지털 경험을 설계할 때 공통적으로 적용되는 것은 폰트 크기 정도다. 그렇다면 우리는 어떻게 접근해야 할까?

답은 간명하다. 무작정 시니어를 타깃으로 삼지 말고 '○○한 시니어'를 위해 경험을 설계해야 한다. 예를 들어 '디지털 기기를 작동하는 것조차 어려워하는 시니어', '앱을 다운로드받아 쓸 수 있지만 복잡한 기능은 쓰지 못하는 시니어'처럼 말이다.

시니어의, 시니어에 의한, 시니어를 위한 타오바오

중국의 대표 온라인 쇼핑몰 타오바오Taobao는 재미있는 실험을 했다. 타오바오 친칭親情, 즉 '혈육의 정'이라는 시니어 전용 앱을 출시한 것이다. 이 앱은 큰 글씨를 사용한 디스플레이와 단순한 디자인, 아이디나 비밀번호를 기억하기 어려운 시니어를 위해 QR코드로 로그인 하는 기능 등 시니어를 위한 편리함을 강화했다. 하지만 이게 핵심은 아니다. 핵심은 시니어들과 그들을 아끼는 사람들과의 '관계'를 쇼핑 경험으로 연결하는 가족 계정family account과 대신 결제하기pay for me 기능이다. 가족 계정은 넷플릭스나 통신사의 가족 요금제처럼 시니어가 자신의 계정에 자녀를 등록하거나 자녀가 부모의 계정을 함께 등록할 수 있는 가족 단위 계정이다. 대신 결제하기 기능은 일종의 대리 결제 링크다. 가족 계정으로 연결된 시니어들은 사고 싶은 제품을 선택한 다음, 가족 채팅 기능으로 가족이나 친구에게 결제 링크를 보낸다. 링크를 받은 가족이나 친구는 그 물건에 대해 의견을 말하거나 구매 절차가 어려운 시니어를 위해 대신 구매해줄 수도 있다.

사실 중국의 시니어는 인터넷과 스마트폰 등 디지털 기기를 활용하여 물건을 사는 것에 두려움이 없다. 이들은 재래시장이나 노점상에서도 QR코드를 활용해서 모바일 결제를 한다. 게다가 중국 시니어들의 63%는 중위소득에 속하기 때문에 소득 수준도 높다.[14] 그렇게 보면 친청의 장점은 대리 결제보다 커뮤니티성에 있다. 물건을 살 때 가족이나 친구의 의견과 관심이 중요한 시니어들을 위해 사회적인 소비를 할 수 있도록 도움을 준 것이다.

타오바오는 중국에서 가장 빠르게 성장하는 소비 그룹인 시니어를 무시하기보다 그들이 손쉽게 쇼핑할 수 있도록 모바일 구매 경험을 최적화했다. 2018년 앱의 완성도를 높이기 위해 출시 전에 60세 이상 시니어 컨설턴트를 채용해 사용 경험에 대한 검증을 진행했다. 시니어들 사이에서 영향력 있는 광장춤(광장이나 공원 등 넓은 공간에 모여 함께 추는 춤으로, 쉬운 동작들로 구성되어 있어 시니어에게 인기가 좋다) 동호회의 리더나 시니어 커뮤니티 회원들을 시니어 컨설턴트로 고용했다. 그들은 시니어의 시선에서 타오바오 친청에 대해 분석하고, 사용 후기를 수집하는 등 활발한 피드백을 주었다.[15] 이는 2021년 출시된 타오바오 시니어 모드로 이어진다.

2021년 10월 론칭된 타오바오 시니어 모드는 앞서 선보인 친청 버전을 업그레이드한 것이다. 이용자들은 설정 화면에서 일반 모드와 시니어 모드를 선택할 수 있고, 시니어 모드로 설정하면 제품 정보가 일렬로 변경된다. 전체적으로 글자와 이미지 크기를 키워 가독성을 높였고 제품 설명도 제품명과 기능, 후기를 중심으로 간

출처: 타오바오 앱

타오바오 시니어 모드는 설정 화면에서 일반 모드와
시니어 모드를 선택할 수 있다. 글자와 이미지 크기를 키우고,
제품 설명도 간소화해 시니어들이 앱을 쉽게 사용할 수 있게 디자인했다.

소화했다. 시니어들이 더 쉽게 앱을 활용할 수 있도록 편의성을 높인 것이다. 친칭의 가족 계정과 대신 결제하기 기능도 포함되어 있어 마음껏 이용할 수 있다.

추가된 것은 '타오샤오바오淘小宝'라는 이름의 스마트 어시스트다. 사용자들은 음성명령으로 상품을 검색할 수 있는데, 어시스트 버튼을 누른 상태에서 제품명을 말하면 화면에 관련된 텍스트와 아이콘이 표시된다. 그리고 "결과를 찾았습니다"라는 음성 알람과 함께 찾는 제품이 나온다. 모든 과정이 텍스트 입력 없이 이뤄지므로 작은 화면에 문자를 입력하는 것이 어려웠던 시니어와 시력 장애를 가진 사람에게 최적화된 서비스다.[16] 이미지 검색도 가능해 의약품 등은 제품의 겉 포장을 찍으면 기능과 성분이 나온다.

타오바오 시니어 모드에 쇼핑의 편리함만 있는 것은 아니다. 식품 할인과 연결되는 네 가지 미니게임을 통해 시니어들이 앱을 통한 모바일 쇼핑을 더욱 즐길 수 있도록 했다. 가장 인기가 좋은 게임은 과일수확領水果 농장 게임인데 파종하고 물과 비료를 주면 실제 과일을 받을 수 있다. 또한 시니어들이 일상생활에서 필요한 차량을 쉽게 호출할 수 있도록 까오더디투高德地图(알리바바 자회사가 만든 AI 기반 최적화 길 안내 앱)에 '따뜻한 정류장'을 설치했으며, 병원 진료 예약 서비스도 포함했다. 앱 사용이 어려운 시니어를 위해 앱 사용 안내 교육 프로그램을 운영하고 있으며, 시니어 고객 전용 핫라인까지 갖추었다. 그야말로 시니어들을 향한 디지털 플랫폼이다.[17]

여전히 많은 기업과 브랜드들이 시니어를 위한 디지털 전환을 제대로 이해하지 못하고 있다. 더 큰 글씨에 기능을 축소한 웹사이트, 혹은 앱을 만드는 것으로 만족한다. 이것은 정답이 아니다. 시니어 입장에서는 서비스의 핵심과 본질이 오프라인보다 특별히 더 우월하지 않으면 크게 와 닿지 않는다. 그런 면에서 타오바오의 가족 계정과 대신 결제하기 기능은 소셜 쇼핑을 통해 쇼핑의 재미라는 본질을 강화하고, 이를 기반으로 시니어 플랫폼으로 발돋움했다는 점에서 의미가 있다. 시니어를 중심으로 만들어지는 가족 관계와 소통에 대해 생각해본다면 훨씬 재미있는 제품이나 서비스를 기획할 수 있을 것이다. 중요한 것은 단순한 인터페이스interface나 인터랙션interaction이 아니라 관계relationship다.

딱 필요한 만큼의 디지털

스마트폰 사용에 서툴고 터치스크린이 아직 낯선 시니어에게 버튼 하나로 켜고 끌 수 있는 컴퓨터가 있다면 어떨까? 2015년 노르웨이에서 설립된 스타트업 노아이솔레이션No Isolation의 콤프KOMP는 그런 시니어를 위한 원 버튼 컴퓨터다. 영상 통화나 전화를 받을 때는 손 하나 까딱할 필요가 없다. 전화는 10초 후 자동 연결된다. 전화를 받고 싶지 않다면 스위치를 돌려 끄면 된다. 사진이나 메시지가 오면 콤프가 자동으로 작동해 화면에 보여준다.

메시지를 받는 것에 비하면 보내는 건 절차가 좀 필요하다. 사진과 메시지를 보내거나 영상 통화를 하고 싶으면 전용 앱을 내려받아야 하는데, 주로 가족이나 친구가 해준다. 앱을 다운받고 콤프와 연결한 후 사람들을 초대하는데, 초대된 사람만 콤프로 사진을 보내거나 영상 통화를 할 수 있다. 이렇게 닫힌 네트워크가 형성되기 때문에 스마트폰을 통한 보이스피싱이나 낯선 이로부터의 사생활 침해를 염려할 필요가 없다.

콤프는 여기서 더 덜어낸다. 그들의 타깃은 온라인을 경험해 본 적 없는 75세 이상이기 때문이다(노아이솔레이션에 따르면 75세 이상 시니어의 87%가 온라인 경험이 없다). 기기에는 21인치의 스크린과 하나의 버튼만 있다. 터치스크린이 아니라서 사용자의 조작 실수나 기기 자체의 오작동이 일어날 여지가 없다. 플러그를 꽂아 사용해

단 하나의 버튼으로만

작동하는 콤프는

디지털 기기에 익숙하지 않은

시니어들에게는

맞춤 컴퓨터와 같다.

야 하므로 충전하는 번거로움도 없다. 기기는 아이디나 비밀번호 없이 버튼 하나로 작동한다.

카카오톡과 유튜브에 익숙한 우리나라 시니어들 입장에서는 이게 왜 필요할까 싶을 것이다. 컴퓨터라고는 하지만 사실 그저 작은 화면에 불과하기 때문이다. 그러나 온라인을 경험해본 적 없는 75세 시니어에게는 엄연한 컴퓨터다. 노아이솔레이션을 창업한 노르웨이의 젊은이들은 모든 시니어가 디지털 기술에 익숙하지 않을 것이고, 코로나19로 고립된 처지에 있는 시니어에게는 이런 사소한 연결과 소통이 필요하다고 말한다. 그들은 시니어와 세상을 연결하는 데 필요한 최소한의 기술만 남기고 모든 것을 덜어냈다. 시니어를 위한 디지털 경험을 설계한다면 '최첨단'이 아니라 '최소한'의 디지털을 상상해보자. 콤프처럼 걷어내는 것이 진짜 기술일 때가 있다.

시니어에게 편리한 인터페이스를 택하라

엘리큐Elli.Q는 이스라엘 기업 인튜이션 로보틱스Intuition Robotics에서 개발한 말하는 소셜 로봇으로 태블릿 PC와 로봇으로 구성된다. 엘리큐는 시니어에게 날씨나 약 복용 시간 등을 알려주며 대화를 나누는데, AI가 탑재되어 있어 이를 토대로 사용자의 습성, 선호도, 습관 등을 배운다. 학습된 엘리큐는 사용자가 좋아하는 음악을 알아서 틀어주는 등 삶을 풍성하게 만들어준다. 또한 대화로 알게 된 시니어의 건강 상태를 가족이나 병원에 알릴 수도 있다.

사용자는 학습하지 않는다. 목소리로 제어할 뿐이다. 학습은 AI

AI가 탑재된 엘리큐는 음성 인터페이스를 통해
사용자와 대화가 가능하다.

가 한다. 태블릿 PC로 전화가 오면 엘리큐가 전화를 받겠냐고 물어본다. 시니어가 받겠다고 말하면 통화가 시작된다. 엘리큐는 머리를 움직일 수 있고 빛의 밝기나 목소리 톤을 달리할 수 있어 기계와 대화하는 느낌을 완화했다.

시니어를 위해 설계된 많은 기기와 앱들이 음성 기능을 강화하는 것은 당연하다. 시니어에게 가장 편리한 인터페이스가 음성이기 때문이다. AI가 더 발전해 음성을 인식하고 그에 따라 작동하는 게 사람처럼 자연스러워진다면 학습할 필요조차 없는 가장 이상적인 디지털이 되는 것이다. 하지만 그렇다고 해서 시니어를 위한 인터페이스가 반드시 음성이어야 한다는 것은 아니다. 그들에게 가장 친숙한 것, 가장 편리한 것을 택하면 된다.

아날로그에 담긴 디지털 에어태그AirTag를 보자. 에어태그는 애플의 위치추적 액세서리다. 탭 한 번이면 아이폰에 즉시 연결되고 이름을 입력해 자동차 열쇠나 가방에 걸고 다니면 된다. 물건을 어디에 두었는지 기억이 나지 않으면 '나의 찾기' 앱 '물품' 탭에서 태그에 내장된 스피커를 울리게 하거나 "시리야, 내 지갑 찾아줘"라고 말하면 된다. 등록된 에어태그가 근처에 있으면 아이폰 기능을 통해 거리와 방향까지 안내받을 수 있다(아쉽게도 우리나라는 규제 때문에 정밀한 위치 탐색은 불가능하다). 잃어버렸을 때 분실모드를 활성화할 수 있다. 그러면 에어태그를 발견한 사람에게 내 연락처가 전송된다. 방수 기능에 배터리 수명도 1년이라 편리하다. 나만의 메시지를 각인할 수도 있다.

젊은 사람들에게 에어태그는 3만 원대의 갖고 싶은 액세서리고, 시니어와 그 보호자에게는 추적기와 같은 역할을 한다. '시니

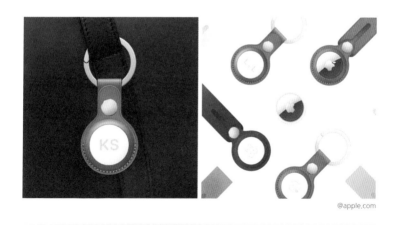

@apple.com

애플은 일상용품에 디지털을 접목한 에어태그를 출시했다.
겉모양은 열쇠고리지만 그 안에는 첨단 위치추적 기술이 들어가 있다.

어를 위한^{for senior}'과 같이 용도와 타깃을 구분 짓지 않고 전 세대가 자신의 라이프스타일에 맞게 자유롭게 사용할 수 있도록 했다. 특별한 적응 기간이나 학습이 필요없다. 첨단 위치추적 기술이 적용된 기기를 열쇠고리처럼 걸고 다니면 된다.

디지털에 익숙하지 않은 시니어를 대상으로 한다면 아날로그를 접목하라. 그들의 생활에서 흔한 것, 친숙한 것, 만질 수 있는 것을 찾아 거기에 디지털을 담자. 위치추적 장치를 챙기기는 부담스럽지만, 열쇠고리 하나 바꾸는 것은 일도 아닐 테니까.

tvN 예능 프로그램 〈유퀴즈〉에 출연했던 20년 차 114 상담사의 이야기가 떠오른다. 수화기 너머로 "마. 스. 크"라고 겨우 말을 꺼낸 한 노인의 이야기다. 코로나19 직후 마스크 대란 때 정보가 없어 마스크를 구하지 못한 노인이 114에 전화를 걸어 도움을 요청한 것이다. 현재 114 이용고객의 대부분은 70~80대로, 이들은 여전히 인터넷 검색보다 전화가 쉽다. 사람은 위급할수록 더 친숙한 방법을 선택한다. 그들에게 가장 친숙한 것, 편리한 것을 출발점으로 삼아 디지털 경험을 설계해보자.

시니어의 삶을 확장해주는 디지털

윌라 오디오북은 팟캐스트에 익숙한 2030세대를 타깃으로 시작했다. 2020년에 이미 누적 이용자 수 100만 명을 돌파했는데, 이용자의 연령대가 흥미롭다. 윌라를 가장 많이 구독하는 연령대는 35~44세로 33.2%였고, 그다음은 45~54세로 32.7%였다.[18] 구독자들은 주로 인문학 서적이나 소설을 선택했고, 10분 안팎의 북리

뷰도 선호했다. 이후 윌라는 노안으로 책 읽는 것이 부담스러워진 50대 이상으로 타깃을 확대했다.[19]

윌라는 시니어를 타깃으로 하지 않았지만 시니어의 선택을 받았다. 나이가 들어 불편해진 영역을 디지털이 쉽게 해결해주니 책 읽는 즐거움을 포기할 필요가 없어진 것이다. 안경은 눈을, 탈 것은 다리의 기능을 확장해준 것처럼 기기와 기술은 인체의 한계를 확장시켜왔다. 그런 의미에서 디지털 기술은 시니어의 삶을 확장할 수 있는 좋은 수단이다. 나이가 주는 한계에 갇히지 않고 삶의 즐거움이 계속 이어지도록 시니어를 위한 디지털을 고민해야 할 때다.

우리는
모두 시니어가 된다

"나도 67살은 처음이야"

tvN 예능 프로그램 〈꽃보다 누나〉에서 윤여정 배우의 한 마디가 많은 이들의 공감을 얻었다. 시니어도 시니어가 처음이다. 지나간 젊은 날에 대해서는 성공이든 실패든 해봤기 때문에 경험에서 얻은 지혜를 말할 수 있지만, 막상 닥친 자신의 삶에 대해서는 그저 서툰 새내기일 뿐이다. 그래서 시니어에게도 공감이 절실하다. 화가 난 아이에게 왜 화가 났냐고 묻기 전에 "우리 아기 화났구나"라고 말하듯, 처음 겪는 노년의 변화로 시니어가 느끼는 당황, 절망, 낯섦에 대해 "그럴 수 있다"라고 말하는 진심 어린 공감이 필요하다.

피할 수 없다면 더 과감하게

'젊어지는 게 아니라 더 좋아지는 것'이라는 뜻의 베터 낫 영거Better not Younger는 44세 이상의 여성을 위한 헤어&뷰티 브랜드다. 브랜드 이름부터 기존 관념을 깬 통쾌함이 느껴지는 이 브랜드는 젊은 층을 타깃으로 한 그 어떤 브랜드들보다 더 쿨한 태도로 인기를 끌고 있다.

P&G, 로레알에서 오래 근무했던 창업자 손솔레즈 곤잘레즈 Sonsoles Gonzalez는 뷰티업계가 20~44세까지만을 타깃으로 삼는 것에 불만을 느꼈다. 그녀는 "44세 이상의 사람들은 갑자기 사라지기라도 하는 걸까?"라는 고민을 시작한다. 그리고 자신이 그 나이에 들어서게 되면서 본격적으로 사업을 구상한다. 다양한 인종과 배경을 가진 전문가들을 모아 그 누구도 시도하지 않은 시니어 뷰티 브랜드를 만든다.

빠르면 30대 후반, 늦어도 40대에 접어들면 모발이 서서히 하얗게 변한다. 이러한 변화에 대해 기존 뷰티시장의 대응 제품은 새치를 물들이는 염색제가 거의 전부였다. 베터 낫 영거는 노화의 신호인 새치를 가리는 것에 급급한 기존 제품들의 태도가 마음에 들지 않았다. 그들은 잘 관리된 그레이 톤 헤어가 보여주는 당당한 아름다움을 제품 전반에 반영했다. 다른 염색제 브랜드에서 보지 못했던 카테고리인 '그레이&실버 케어' 제품 라인을 새롭게 만들어 자연스럽게 새치를 관리할 수 있는 방법을 제안한 것이다. 이 실버 컬러 관리제품은 은발을 더 건강하게 가꾸고 싶은 44세 이상의 여성뿐 아니라 애쉬 톤으로 셀프 염색하는 것을 즐기는 젊은 세대에

베터 낫 영거는 새치를 가리기보다는 잘 관리된 그레이 톤 헤어가 보여주는

당당한 아름다움을 더 과감하게 드러내면서 시니어뿐 아니라

젊은 세대에게도 많은 사랑을 받고 있다.

게도 인기를 끌었다.

　베터 낫 영거는 외적으로 나이 드는 것을 인위적으로 막거나 일시적으로 감추는 방법을 알려주기보다 있는 그대로의 모습을 잘 관리하여 나답게 아름다워지도록 제안하면서 노화를 대하는 태도를 변화시켰다. 이들은 자연스럽게 변한 헤어 컬러를 하나의 룩look으로 소화할 수 있도록 도왔다. 염색하지 않은 머리카락은 게으름이나 나이 듦이 아니라 패션이자 선택할 수 있는 스타일임을 보여줌으로써 노화에 대한 시니어들의 마음을 한결 가볍게 만들었다. 피할 수 없는 노화의 색을 더 아름답고 빛나게 관리할 수 있게 해주는 브랜드로 인식되면서 베터 낫 영거의 정체성은 더 또렷해졌다.

위협보다 강한 공감의 힘

한국의 성인용 기저귀 시장은 2020년 기준 약 500억 원 규모를 형성했다. 2년간 20% 이상 성장한 것이다. 아직 미미한 숫자지만 세대별 인구변화를 고려하면 잠재시장 규모는 6천억 원으로 추산된다. 일본은 2016년에 이미 성인용 기저귀 시장이 영유아용 시장 규모를 따라잡았다.[20]

　국내 1위 성인용 기저귀 브랜드는 2012년에 론칭한 유한킴벌리의 디펜드다. 그들은 성인용 기저귀를 '요실금 언더웨어'라고 명명한다. 기저귀도 아니고 생리용 패드도 아니기에 새로운 카테고리를 만든 것이다. 건강보험심사평가원에 따르면 요실금은 우리나라 여성 10명 중 4명이 경험하는 흔한 증상이다. 70대가 가장 많지만 40~60대도 적지 않다. 유한킴벌리는 요실금이 이렇게 흔한 증상임에도 이를 언더웨어로 해결하는 비율이 9%에 불과하다는 사실을 발견했다. 그들은 그 이유에 대해 '이와 관련해 잘 모르기 때문에', '다른 사람의 시선을 신경 쓰기 때문에'라고 보고, 2014년 요실금에 대한 인식개선을 유도하는 '디펜드 히어로즈' 광고를 선보인다. 하의 없이 디펜드만 착용한 사람들이 우르르 지하철에 올라타는 모습, 이를 보고 당황해하는 사람들의 모습을 TV 프로그램인 〈VJ 특공대〉 방식으로 담아낸다. 디펜드를 입은 디펜드 히어로즈는 자신의 부인, 할머니, 어머니를 응원하기 위해 참여했다고 말한다. "사랑하는 사람을 위해 당신이 먼저 입어보세요"라는 광고 문구가 화면을 채운다.

반응은 엇갈렸다. 요약하면 "취지는 좋지만 민망하다"는 것이다. 한편에서는 고의로 구설수를 만들어 인지도를 높이는 노이즈 마케팅이 아니냐는 이야기도 나왔다. 요실금을 겪고 있는 사람들에게 이 광고가 힘이 되었을까? 광고의 취지대로 그들은 요실금이 더 이상 부끄럽지 않게 되었을까?

소비자의 생각과 습관을 바꾸려는 마케팅이 성공한 사례는 드물다. 힘든 사람에게 힘들어하지 말라는 말이나 부끄러워하는 사람에게 부끄러워하지 말라는 것은 위로도 배려도 아니다. 부끄러워하는 감정을 인정하고 요실금 언더웨어 구입을 망설이게 하는 원인을 없애는 게 더 나은 마케팅일 것이다.

그런 의미에서 이후 유한킴벌리가 진행한 '시니어 상담사 채용'은 '디펜드 히어로즈' 광고보다 훨씬 좋은 전략이었다. 요실금에 대한 보다 현실적인 반응은 유한킴벌리 고객지원센터에서 매일 벌어졌다. 견본품 하나를 주문하는데도 10분 이상을 고민하고, 제품을 주문하면서도 "나는 요실금이 아니다"라고 말하거나, "상자에 제품명은 넣지 말아달라"며 민감하게 반응하는 고객들이 많았다. 이런 반응이 달라지기 시작한 것은 유한킴벌리가 고객지원센터에 시니어 상담사를 채용하면서부터다. 이 센터에서 일하는 56세의 시니어 상담사는 "얼굴은 몰라도 전화 목소리만으로도 또래임을 알아챈다"며 "나도 요실금이 있다고 하면 주저하던 고객들도 금세 적극적으로 달라진다"라고 말했다.[21] 필요에도 불구하고 구입을 주저하던 고객들이 진정 어린 공감에 마음을 열기 시작하는 것이다.

고객은 비슷한 나이대의 상담사에게 편안함을 느낀다. 자신이 경험한 것을 경험해봤을 확률이 높기 때문이다. 요실금도 그렇다. 갱년기나 오십견처럼 경험해봐야 알 수 있고 공감해줄 수 있다. 고객은 같은 공감대를 가진 사람과의 대화를 통해 제품 사용을 망설인 이유, 인정하고 싶지 않은 신체 변화, 막연한 부끄러움 등과 같은 고민을 이야기하며 해소한다. 그리고 이는 제품 구매로까지 이어진다.

디펜드 광고는 고객의 인식을 바꾸려 했지만, 정작 효과가 있었던 것은 고객을 있는 그대로 존중하고 공감을 표현했던 시니어 상담사였다. 시니어를 그저 매력적인 소비시장이자 타깃으로만 본다면 한계는 분명하다. 인생의 필연적인 과정을 겪는 시니어들의 예민한 감정을 읽고 그들을 있는 그대로 인정하고 배려하는 것에서 시작해야 한다. 다시 젊어질 수는 없다. 하지만 자신감을 되찾고 온전히 나다운 사람이 되는 것은 가능하다. 브랜드가 시니어의 선택을 받는 것은 가르치기보다 공감하고, 그 공감이 현실적으로 도움이 되는 바로 그 순간이다.

2장

뉴시니어,

그들이 진짜 원하는 것

가치소비에 '시간'이라는
전제가 붙으면

"강정석 씨는 1972년 9월 현대중공업 훈련생 1기로, 조선소 근무를 시작하여 2016년 6월 30일 45년 만에 은퇴했다. 그는 은퇴 직후 스스로에게 할리 데이비드슨을 선물했다. 그는 "젊었을 때부터 타고 싶었지만, 여유가 되지 않아 시도하지 못하다가 은퇴한 후 통 크게 선물했지요"라고 말하며 호탕하게 웃었다. 그는 이 오토바이를 타고 강원도 설악산 한계령과 미시령 등은 물론이고 서울의 명소를 누볐다. 내년에는 전국을 도는 것이 목표다."[1]

합리성과 가치관이라는 두 가지 뜻을 함축한 가치소비는 MZ세대의 소비성향을 나타내는 중요한 키워드다. 원하는 것을 다 가질 수 없다면 선택을 해야 한다. 자신에게 가치가 있다고 생각하는 것은 과감히 소비하고, 그렇지 않은 것은 극단적으로 소비를 줄이는 것이다. 300만 원짜리 루이비통 가방을 사면서 100원 포인트 앞에서는 벌벌 떨고, 버려진 트럭 방수천으로 만든 가방을 사기 위해 수십만 원을 쓴다. "그걸 그 돈 주고 사?"라는 남들의 기준은 중요하지 않다. '무엇에 얼마를 쓸 것인가'는 오롯이 자신이 '가치 있게 여기는 게 무엇인가'로 결정한다.

요즘 시니어에게도 이러한 가치소비가 나타난다. 돈은 있지만 쓸 수 있는 돈이 많지 않다는 점에서 MZ세대와 유사한 동인을 갖는다. 그러나 시니어에게는 '시간'이라는 조건이 하나 더 붙는다. 시니어에게는 돈보다 시간이 더 중요하다. 그것도 건강이 허락하는 양질의 시간 말이다. 무엇을 하든 '언제 또 해볼 수 있겠어'라는 생각이 들어 시니어의 가치소비는 MZ세대보다 더 과감한 형태를 띤다.

버킷 리스트를 실현하는 시니어

죽기 전에 해보고 싶은 일들을 적은 목록을 버킷 리스트bucket list라고 한다. 누구나 버킷 리스트가 있지만, 언젠가 한 번쯤 꼭 해보고 싶다는 꿈의 목록이 시니어에게는 남다른 무게감으로 다가온다. 그 언젠가가 바로 지금이기 때문이다. 그래서 시니어는 버킷 리스트에 간직한 것을 실현한다. 캠핑도 그중 하나다. 통계청에 따르면 국내 캠핑 인구는 700만 명으로 10년 새 11배가 증가했다(2020년 기준). 캠핑카 등록 대수도 5년 새 6.25배 증가해 2만 5천여 대에 달한다(국토교통부 2019년 통계 기준).

'중년 부부의 무작정 캠핑'이라는 유튜브 채널을 운영 중인 정장숙(66세) 씨는 귀촌 대신 캠핑카를 구입했다. 2019년부터는 캠핑카를 타고 전국을 여행하는 영상을 유튜브에 올리기 시작했다. 집보다 캠핑카에서 자는 날이 더 많다는 이 부부는 캠핑카로 제주 한 달 살기에도 도전했다. '비비새 캠핑카'라는 이름으로 활동하는 시니어 유튜버 김금녀(68세) 씨도 부부가 캠핑카를 타고 떠나는 주말여행을 영상에 담는다. 정년퇴직 후에 무슨 일을 하는 게 좋을까 고민하던 시기에 남편이 캠핑카를 구매한 것이 유튜브 활동의 계기가 되었다.[2]

별장 삼아 캠핑카를 구매하는 노년층이 늘고 있다. 업계 관계자에 따르면 실제로 값비싼 고급 캠핑카를 사는 큰손은 주로 노년층이다.[3] 우리보다 앞서 캠핑시장이 성장한 일본은 은퇴한 시니어가 캠핑카 시장을 견인한다. 일본 RV^{Recreation Vehicle} 협회에 따르면 캠핑카 구입자의 50%가량이 60대 이상으로(2017년 매출 기준), 그 비율은 점점 증가하고 있다.[4] 비단 캠핑뿐일까. 요트를 구입해 직접 운항하는 요트투어, 밤하늘이 보이는 욕조가 있는 집, 두 발로 떠나는 남미여행, 패션쇼 런웨이 서보기, 보디빌더 대회 참가하기 등 모든 세대가 공감하는 로망을 시니어는 실현하고 있다.

가치소비는 시니어 비즈니스의 가장 큰 변수이자 기회다. 필요에 의한 시장에 한정되었던 지난 실버산업과 달리 시니어 시장의 성장을 낙관하는 이유가 바로 이 가치소비이기 때문이다. 가치소비는 특정 영역에 한정되지 않는다. 여행, 교육, 패션, 화장품, 문화공연, 외식 등 시니어가 욕망하거나 시니어의 욕망을 이뤄줄 수 있는 모든 영역에서 가치소비를 유도할 수 있다. 반드시 고가여야 하는 것도 아니다. 시니어는 요트투어를 꿈꾸기도 하지만 제주에서 한 달 살기나 올레길 투어를 꿈꾸기도 한다. 어떤 수준에서든 그들이 가치를 두는 영역에서 의미 있는 솔루션을 제공하는 것이 중요하다. 시니어의 필요만 채워주려 하지 말고 그들의 욕망에 집중하자. 건강, 안전, 편리는 욕망의 대상이 아니라 전제조건이다. 그들이 욕망하는 것은 더 안전한 캠핑카가 아니라 누워서 밤하늘을 볼 수 있는 캠핑카다.

마지막 기회의 가격

이번이 마지막일지도 모른다는 생각이 만들어내는 소비의 상한선은 얼마일까? 일본의 철도 국영회사 JR 규슈는 2013년 '규슈의 일곱 별ななつ星 in 九州'이라는 철도 여행패키지를 내놓았다. 2019년 코로나19로 운행을 중단했다가 2020년 다시 운행을 시작했다. 1인당 가격은 1박 2일에 15~40만 엔, 3박 4일은 38~95만 엔으로 한화로 하면 수백에서 수천만 원대의 고가 상품이다. 그럼에도 인기가 많아 여행 몇 개월 전부터 좌석이 매진된다. 승객의 평균 연령은 64.4세로 (중학생 이상이라는 제한이 있긴 하지만) 이용고객의 연령대가 매우 높은 편이다.

여행객은 별도로 제작된 크루즈 트레인을 타고 규슈의 7개 현을 돌며 7개 관광재산(자연, 음식, 온천, 역사, 문화 등)을 둘러본다. 1회 운행 시 승차 가능 인원을 최대 14쌍(28명)으로 한정해 희소성을 높였고, 드레스 코드가 있어 고급스러운 분위기다. 유명 아티스트

@cruisetrain-sevenstars.jp

'규슈의 일곱 별' 열차 외관 및 내부 모습이다.

내부는 피아노 연주가 흐르는 라운지 블루문, 제철 요리를 즐길 수 있는 식당 목성,

아름다움과 기능을 결합한 객실로 구성되어 있다.

가 디자인한 내부 공간에서 규슈를 대표하는 레스토랑 셰프의 요리를 즐기며, 승무원의 세련된 환대를 받는다. 움직이는 호텔에서 보내는 이 짧은 시간에 일본의 노년층은 기꺼이 몇백만 원을 지불한다.[5]

규슈의 일곱 별은 죽기 전에 한 번쯤 하고 싶은 꿈같은 여행, 그 환상을 실체화한다. 크루즈보다 접근성이 좋으면서 희소성은 더 크다. 게다가 시니어들에게 과거로의 시간 여행이라는 판타지를 제공한다. '죽기 전에 한 번쯤'이라는 제안은 비현실적일수록, 환상에 가까울수록 더 매력적인 상품이 된다.

시니어의
안전망이 되어라

누구나 시니어가 된다. 이것은 거부할 수 없는 '확실성'이며 자연스러운 과정이다. 연속적이며 모두가 그 과정에 놓여 있다. 하지만 그 과정에서 노화가 어떤 방식으로 오고, 앞으로 얼마나 많은 시간이 남아 있는지는 '불확실성'이 깊게 드리워져 있다. 노화는 확실히 일어나지만, 구체적인 진행은 알 수 없는 '확실성 속의 불확실성'이 시니어를 불안하게 만든다. 하루하루 느껴지는 체력과 지력의 상실은 불안감을 증폭시킨다.

때문에 안전과 안심에 대한 시니어의 욕구는 본능에 가깝다. 안전에 대한 욕구는 홈시큐리티나 보험 같은 카테고리에만 한정되지 않는다. 시니어를 위한 상품이라면 이 점을 간과해서는 안 된다. 20대에게 '안전한 신발'은 메리트가 없지만, 시니어에게는 매력적이다. '안심하고 즐기는 한 끼'가 누군가에게는 칼로리 정도를 의미하는 가벼운 제안이겠지만, 고혈압이나 당뇨, 신장질환을 가진 시니어에게는 삶과 직결된다. 안전과 안심은 카테고리를 막론하고 시니어에게는 기본이자 본질이다.

만남에도 안전이 필요하다

젊은 세대나 시니어 세대나 만남이 어렵긴 마찬가지다. 흔히 시니어 시기의 만남이 더 쉬울 것 같다고 생각하지만 실상은 그렇지 않다. 기사화되거나 리뷰로 공유된 불미스러운 사건들은 모임이나 활동을 시작하려는 시니어들의 발목을 잡는다. 2009년 스위스에서 시작한 시니어 소셜 네트워킹 앱 데이트어렌트너Date A Rentner는 이런 시니어들의 걱정을 날려주는 데이팅 앱이다. 이 앱은 커피를 마시거나 함께 하이킹할 안전하고 믿을 만한 사람들을 온라인에서 찾아보라고 말한다.

　독일어로 연금생활자를 의미하는 데이트어렌트너의 핵심은 '안전'이다. 앱 이름처럼 가입조건은 55세 이상의 은퇴한 연금생활자로 등록된 연금 아이디가 있어야만 회원 가입이 가능하다. 가장 믿을 수 있는 노후대책인 연금을 자격조건으로 하여 온라인 데이팅 앱이 가져올 수 있는 수많은 위험요소를 걸러낸다. 너무 현실적인 조건이라고 생각할 수도 있겠지만, 젊은 세대와는 만남의 목적 자체가 다르기 때문에 시니어의 만남은 더 엄밀한 선별이 필요하다. 열정적 사랑을 꿈꾸거나 결혼해서 복잡한 가족 관계를 꾸리고 싶은 시니어는 많지 않다. 그들은 생활방식이나 경제수준이 비슷한 상대를 만나 좋은 대화, 즐거운 시간을 나누고자 한다. 원하는 것이

거창하지 않다고 해서 위험을 간과해서는 안 된다. 시니어의 만남은 안전이 우선, 로맨스는 그다음이다.

고객 록인이 아닌 고객 안전망으로

일본 편의점의 주 고객은 시니어다. 1989년 세븐일레븐 이용고객 중 20대 이하가 전체의 60%를 차지했는데, 2017년에는 그 비율이 절반 이하로 낮아져 20%였다. 이에 반해 50대 이상은 10%에서 40%로 증가했다. 같은 기간 총인구 중 50대 이상 비율이 30%에서 46%로 1.5배 증가한 것에 비해 편의점을 이용한 50대 이상 고객 수는 4배 이상 증가한 것이다. 여기서 중요한 것은 시니어 이용자 수뿐만 아니라 매출과 객단가도 증가했다는 것이다. 편의점 전체 매출액은 2009년 이미 백화점을 넘어섰다. 전문가들은 이를 구매력이 높은 1인 시니어 세대가 견인한 현상이라고 본다.[6]

그러나 단순히 고령 인구가 많아졌기 때문은 아니다. 사회의 고령화에 발맞춰 일본 편의점도 함께 변화했다. 일본 편의점에는 있고 한국 편의점에는 없는 세 가지가 있는데, 바로 간병 상담사, 성인용 기저귀, 조제약이다.[7] 모두 시니어를 위한 상품이다. 일본 편의점은 증가하는 시니어 고객을 향해 경쟁적으로 달려온 것이다.

일본 편의점업계 최대 슈퍼체인인 로손 Lawson이 택한 전략은 '건강'이다. 2015년 등장한 특화 점포 케어로손은 편의점 내 간병 상담코너를 두고, 간병전문가가 상주하며 간병식, 간병용품에 대해 상담, 조언, 추천을 해준다. 성인용 기저귀, 구강건강용품 등 다양한 간병 상품을 구비할 뿐 아니라 '시니어 살롱'이라는 지역 시니어들의 모임 공간도 제공한다. 시니어들은 이 공간을 자유롭게 이용하면서 배치해둔 기기로 혈압이나 체지방을 측정하기도 한다.

훼미리마트도 시니어를 타깃으로 다양한 서비스를 시도했는데, 그중 하나가 '택배쿡 123宅配クック123'이다. 시니어 전문 도시락 배달 프랜차이즈로 일반식부터 칼로리나 염분을 조절한 식사, 투석 환자를 위한 식사, 씹기 편한 부드러운 식사 등을 배달한다.

세븐일레븐은 2018년 도쿄에 이동식 편의점을 선보였다. 도쿄도 중에서도 네리마구 히카리가오카 7초메를 선택했는데, 이 지역의 32%가 65세 이상으로 전국 평균보다 5%나 높은 지역이기 때문

@cook123.net

훼미리마트 '택배쿡 123'은 시니어들이

자신의 건강 상태에 맞게 식사할 수 있도록

다양한 식단으로 짜인 도시락을 제공한다.

이다.[8] 소형트럭에 도시락, 주먹밥 등 약 150종류의 상품을 싣고 일주일에 두 번 마을을 방문한다. 이동식 편의점 자체는 새롭지 않다. 세븐일레븐은 2011년부터 '세븐 안심배송 서비스'라는 이름으로 이동식 편의점을 시작했고, 로손과 훼미리마트도 이동식 편의점을 운영한다. 하지만 모두 장보기가 어려운 농촌지역 등 외곽지역을 대상으로 했다. 그런데 그런 이동식 편의점이 도쿄 도심에 등장했다는 것은 일본 사회의 고령화 정도를 실감 나게 한다. 인프라가 많은 도심이라도 디지털 기술에 약하고 거동이 불편해 온/오프라인 쇼핑이 모두 여의치 않은 '쇼핑 약자' 시니어들에게는 이보다 좋은 대안은 없을 것이다.

일본 편의점이 시니어의 사랑을 받는 데에는 또 한 가지 빼놓을 수 없는 이유가 있다. 편의점을 안전하고 안심할 수 있는 공간, 즉 마을의 안전 지킴이로 인식하게 만들었다는 점이다. 일본 프랜차이즈협회JFA에 가입된 편의점 체인들은 2005년부터 '세이프티 스테이션Safety Station, SS'이라는 공동 활동을 벌이고 있다. 사고, 위급환자 발생 등 긴급사태 시 110(한국의 112에 해당) 및 119에 신고하고, 도움이 필요한 어린이, 여성, 고령 시니어를 보호하는 등 지역주민 및 자치회와 연계하여 활동한다. 점포 내 ATM을 이용하는 시니어들이 금융사기를 당하지 않도록 예방하는 역할도 맡고 있다. 편의점은 24시간 영업하고 마을 곳곳에 위치하기 때문에 세이프티 스테이션에 안성맞춤이다. 4만 2천여 점포에서 출발한 세이프티 스테이션 활동은 현재 5만 7천 점포까지 확대했다.

일본 편의점은 단순한 소매점에서 출발했지만 우편, 금융 등 각종 생활 서비스를 제공하며 일상의 인프라가 되었고, 고령화 시대에 발맞춰 시니어들을 위한 생활 플랫폼으로 변화하고 있다.[9] 지역과 사회가 해야 할 일까지 떠맡으면서 말이다. 흔히 고객을 끌어들이는 것을 넘어 강력하게 묶어 두는 록인^{lock-in} 전략에 관해 이야기하는데, 시니어 고객에게는 록인이 아닌 안전망이 되겠다는 관점을 갖는 것이 더 중요하다. 나이가 들어가면서 서서히 불편해지는 지점을 예측하고 더 편안하고 더 단순하게 살 수 있도록 도와주는 브랜드, 인간적인 품위를 계속 지킬 수 있도록 도움을 주는 브랜드라면 시니어의 일상에 자연스럽게 자리 잡을 수 있을 것이다.

돈–건강–주거의
삼각편대

행복한 노년을 좌우하는 주요 조건을 세 가지로 꼽는다면 돈, 건강,
주거다. 이 세 가지는 묘하게 얽혀 있어서 하나가 충족되면 하나가
부족해지곤 한다. 가령 노후 대비로 어렵게 집을 장만했지만 정작
생활비가 부족해지기도 하고, 노년의 건강은 예측할 수 없는데 노
후자금은 한정되어 있고, 내 집에서 건강하게 늙어가는 삶이 이상
적이지만 가장 어려운 일이기도 하다. 건강에 문제가 생기면 병원
이나 요양원에서 생활해야 하는데 비용이 만만치 않고, 그렇다고
해서 집에서 지내는 것 또한 누군가의 도움이 필요하기에 비용뿐
아니라 현실적으로 어려운 경우가 많다. 시니어의 돈, 건강, 주거의
문제를 동시에 해결해준다면 그것보다 매력적인 상품은 아마 없을
것이다.

보험과 주거의 결합

타이캉보험은 보험과 커뮤니티 상품을 결합해 돈, 건강, 주거 세 가지 문제를 해결한다. 1996년에 설립한 타이캉보험그룹은 보험과 자산관리, 의료 분야를 전문으로 하는 중국 기업이다. 이들은 중국의 고령화가 심화될 것으로 전망하고 보험과 의료 서비스, 주거 커뮤니티 상품을 결합한 중국 최초의 은퇴자 케어 커뮤니티 상품을 선보였다. 2012년에 내놓은 '행복유약幸福有约, Happiness Guide'이 그것이다.

보험에 가입한 고객은 은퇴 후 '타이캉홈Taikang Home(현재 타이캉 커뮤니티로 총칭)'이라는 공동주택에서 건강하고 안정적인 노후를 보내게 된다. 행복유약 출시 3년 뒤인 2015년, 첫 커뮤니티인 베이징 타이캉홈·연원泰康之家·燕园이 문을 열었고, 2020년 기준 22개 주요 도시에서 약 5만 5천 명의 시니어가 타이캉 커뮤니티에 거주하고 있다. 10년이 채 되지 않은 기간이지만 베이징과 상하이 등 중국 주요 도시를 중심으로 타이캉 커뮤니티는 계속해서 확장하고 있다.

타이캉 커뮤니티의 콘셉트는 '도심형 리조트'다. 도시와 가까운 곳에 단지를 조성하고 도심 내 고급아파트와 견줄 만한 공간을 제공한다. 공동 커뮤니티 공간에는 녹지 비율을 높이고 조경을 세심하게 관리한다. 커뮤니티 내에서 시니어들은 집안일을 할 필요가 없다. 이제껏 쌓아온 지혜를 나누거나, 배우고 싶은 새로운 취미나 학습 프로그램을 선택하면 된다. 입주민은 문화 및 스포츠 위원회, 케이터링 위원회 등 다양한 자율조직을 구성하여 활동할 수 있다.

2018년 베스트 국제 시니어 하우징으로 선정된
타이캉 커뮤니티 유에가든Taikang Community Yue Garden 의
바이탈 라이프 정원Vital Life Courtyards의 조감도.

지속적인 소통과 밀접한 교류로 커뮤니티에 대한 소속감을 가지게
된다.

　입주 전에 건강검진 결과를 제출해야 하는데, 개인별 건강 상태
를 파악하여 최적의 주거 공간과 시설 내 동선, 그리고 의료 서비스
를 맞춤 제공하기 위해서다. '하나의 커뮤니티, 하나의 병원One Com-
munity, One Hospital'이라는 원칙에 따라 타이캉 커뮤니티 내에는 타이
캉홈 재활병원泰康之家康复医院이 함께 설립되어 입주민은 자신의 건강
상태에 맞춘 의료 서비스를 가까이에서 쉽고 편리하게 누릴 수 있
다. 스마트 기술을 도입해 입주민의 위치와 활동을 모니터링해 길
을 잃거나 낙상하지 않도록 예방하며, 입주민의 건강 상태를 데이

터로 구축하고 만성질환 관리 프로그램, 원격 상담 등 밀착 서비스
도 제공한다.

　입주비는 평균 20만 위안(약 3,638만 원)이고, 베이징 시설은 월
평균 1만 5천 위안(약 273만 원) 정도다.[10] 지역마다 차이가 있지만,
입주비를 제외한 월별 비용은 행복유약 연금보험으로 해결할 수
있다. 40세 여성이 타이캉 커뮤니티에 들어가려고 행복유약 연금
보험(약 30만 위안 이상)에 가입한다고 가정해보자. 그러면 최소 7년
동안 월 3,580위안(약 65만 원)을 납입해야 한다. 2019년 중국 사기
업 평균 연봉이 16만 6,803위안이었으니(연봉은 약 3,035만 원, 월급은
약 252만 원), 이중 약 40%를 연금으로 납입하는 셈이다.[11] 생활비를
고려하면 과한 액수지만 노후에 대한 불안을 없앨 수 있다는 점은

@taikang.com

행복유약은 주거뿐 아니라 시니어에게 필요한 케어와 의료,
그리고 재무관리까지 제공하며 시니어 삶의 전반을 관리해준다.

매력적이다.

행복유약이 보장하는 것은 누구나 꿈꿀 법한 노후다. 타이캉 커뮤니티는 노후생활에 필수적인 주거, 케어, 의료, 재무관리 네 가지 서비스를 제공한다. 금융 서비스에 국한되던 보험을 라이프 케어, 즉 노후 준비에서 마무리까지 풍요로운 노후생활의 모든 여정을 포함한 삶을 위한 비금융 서비스까지 확장하여 타이캉 커뮤니티라는 플랫폼을 구축한 것이다.

집에 머물고 싶은 시니어를 위해

가전 및 전자제품 소매점 베스트바이Best Buy는 헬스케어 산업에 집중하고 있다. 전자제품을 만드는 기업도 아니고 플랫폼 개발업체도, 의료 서비스 기업도 아닌 전자제품 유통업체가 말이다. 심지어 이들은 오프라인에서 활동한다. 미국과 캐나다에 1천여 개의 매장을 운영하는 오프라인 유통업체로, 말하자면 하이마트가 첨단 헬스케어 사업을 하겠다고 나선 것이다.

베스트바이는 2018년부터 '베스트바이 헬스Bestbuy Health'라는 이름으로 시니어를 주요 타깃으로 하는 헬스케어 시장에 진입했다.[12] 2019년에 발표한 그들의 자료에 따르면 미국에서는 매일 1만 명의 시니어가 65번째 생일을 맞이하고 있으며, 2023년에는 5,400만 명의 시니어 그룹이 형성된다. 그들 중 90%는 집에서 살기를 원하고, 3분의 2는 2개 이상의 만성질환을 앓고 있다. 베스트바이 헬스는 여기서 기회를 발견했다. 기술과 인적 지원을 통해 시니어들이 집에서 더 오래 지낼 수 있도록 집이 곧 건강관리 센터가 되도록 만

베스트바이 헬스는 시니어가 노년에도 집에서 편안하고 안전하게,

그리고 연결되어 있다고 느낄 수 있도록 각종 웨어러블 기기뿐 아니라

모니터링을 통해 케어 서비스를 제공한다.

들겠다는 목표를 세운 것이다.

전략은 명료하다. 베스트바이는 그들의 강점에서 출발한다. 먼저 웨어러블 기기와 장치를 판매한다. 그리고 기기에서 나오는 데이터를 원격으로 모니터링하며 솔루션을 제공한다. 더 나아가 시니어의 일상에 필요한 다양한 케어 서비스와 결합한다. 이동, 돌봄 서비스, 식품 구매, 주거생활 서비스 등 시니어 생활 전반에 서비스가 연결되는 것이다.

여기서 말한 그들의 강점은 단지 전자제품을 잘 판다는 점이 아니다. 베스트바이가 아마존 등 온라인 유통에 밀리면서 강화한 것이 있는데, 바로 인적 서비스를 통한 고객 관계 구축이다. 베스트바이는 긱스쿼드Geek Squad라는 고객지원팀이자 서비스를 만들어 전자 제품을 구매하는 고객을 돕는다. 구매 결정을 돕고 사용법을 가르쳐주며, 집으로 찾아가 설치해준다. 상품에 문제가 생기면 원격으로 돕고 필요하면 직접 방문해 해결한다. 2021년부터는 '토탈테크 멤버십'이라는 이름으로 연회비 200달러를 내면 가정에서 발생하는 모든 기술적 문제를 해결해주는 서비스를 하고 있다. 전자제품에 대한 인적 지원 경험과 조직을 통해 베스트바이는 깊은 고객관계를 유지하고 있다. 시니어에게 첨단 헬스케어 기기를 이들보다 잘 팔 수 있는 기업이 있을까?

사실 베스트바이는 약점도 많다. 헬스케어 전문인력, 시니어를 대상으로 한 헬스케어 서비스 경험, 모니터링 플랫폼과 예측 알고리즘 등 시니어 헬스케어 사업에 필요한 대부분이 없다. 그래서 그들은 약점을 보완하기 위해 관련 기업을 빠르게 인수해나간다.

집이 곧 건강센터: 커넥티드 케어

2018년 처음 인수한 기업은 그레이트 콜Great Call이다. 이들은 시니어 전용 스마트폰과 디바이스를 생산하고 서비스를 제공해온 기업이다. 지터버그Jitterbug라는 이름의 시니어 전용 스마트폰과 손목시계 모양의 원격 건강 모니터링 기기 라이블리Lively가 대표적이다. 지터버그나 라이블리를 사용하는 시니어는 언제나 의료진과 연결되어 상담받을 수 있고 응급상황 시 병원이나 의료진에게 연락이 가도록 되어 있다. 이 서비스로 그레이트 콜은 충성도 높은 시니어 고객을 확보할 수 있었다. 이 응급 서비스와 고객 데이터는 베스트 바이로 계승된다(그레이트 콜은 인수 후 사명을 라이블리로 바꿨다).[13]

2019년에는 크리티컬 시그널 테크놀로지 Critical Signal Technologies를 인수했다. 이 기업은 시니어 대상 원격진료 모니터링 및 응급 대응 서비스를 제공한다. 2020년에는 영국의 커런트 헬스 Current Health를 인수하여 원격 건강관리 서비스를 강화한다. 커런트 헬스는 헬스케어 기관들이 집에 있는 환자를 원격으로 모니터링할 수 있는 솔루션을 제공하는 기업으로, 웨어러블 기기로 수집된 환자의 상태를 의료진에게 전달하고 환자가 어떤 도움이 필요한 상태인지 원격으로 판단할 수 있도록 도와준다.[14]

베스트바이 헬스는 이러한 기술력과 서비스, 데이터를 바탕으로 서비스를 설계한다. 시니어들이 사용하기 편한 원격 모니터링 기기와 24시간 소통 가능한 인적 서비스의 연결망 속에서 일상적인 헬스케어를 실현하는 것이다. 헬스케어 사업이 이후 어떻게 확장될지 짐작하게 하는 서비스도 있는데, 라이블리 라이드 Lively Ride라는 시니어 전용 이동 서비스다. 2018년 11월 라이블리(구 그레이트 콜)가 차량 공유 플랫폼 리프트 Lyft와 협업하여 시작한 이 서비스는 택시보다 이용하기 쉽고 저렴하다. 시니어들이 지터버그 폰에서 '0'을 누르면 퍼스널 오퍼레이터로 연결된다. 시니어는 음성으로 행선지를 알려주고 오퍼레이터는 도착 예정 시간과 가격을 알려준다. 고객이 만족하면 협상이 이뤄지고 오퍼레이터는 리프트 라이더의 도착 시간을 알려준다. 비용은 다음 달 전화 요금에 합산되는 방식이라 현금을 챙길 필요도 없다.

라이블리 라이드는 버튼 하나로 차량을 호출하는 서비스로
거동이 불편한 시니어도 자유롭게 이동할 수 있도록 도와준다.

　　병원 밖은 불안하고 집 밖은 불편한 시니어에게 둘 중 하나를 택하라는 제안은 매력 없다. 베스트바이 헬스는 기기, 플랫폼, 서비스를 연결하여 건강과 주거라는 시니어의 고민을 동시에 해결한다. 집이 곧 헬스케어 센터가 될 수 있으니 집을 떠날 필요가 없다는 제안은 매력적이다. 스마트 기기가 1초도 쉬지 않고 당신을 지켜보고 있고, 원한다면 언제든 사람과 연결될 수 있다는 사실은 안심 그 이상의 만족을 준다. 노년을 집에서 건강하게 보내고 싶은 시니어의 소망을 현실화한 것이다.

시니어 시간의
가치

시니어의 시간은 참으로 묘하다. 인생이라는 총 시간으로 볼 때 그들의 시간은 한정적이고 귀하다. 이 때문에 시니어는 때때로 엉뚱하고 과감한 선택을 한다. 다른 한편으로는 일상에서 그들의 시간은 잉여처럼 느껴진다. 직장인, 부모로서의 역할이 사라지니 시간이 넘쳐난다. '오늘은 또 무엇을 해야 하나' 고민하는 순간이 많아져 다양한 시도를 한다. 시간을 정해놓고 산책을 하거나 새로운 취미를 찾으려 노력한다.

당신의 브랜드는 시니어의 시간을 고민해본 적이 있는가? 주어진 시간을 더 즐겁고 의미 있게 보낼 수 있는 매력적인 제안이 있는가? 당신의 제품과 서비스는 시니어에게 어떤 시간을 선사하는지 자문해볼 일이다.

인생은 후반전이 재미있다

젊은 세대에 집중하느라 시니어의 쇼핑 시간을 고통스럽게 만들었다고 비난받던 백화점들 사이에서 유통기업 이온AEON은 2013년 도쿄 에도가와 지역의 카사이점을 리뉴얼하며 그들과 다른 선택을 한다. 쇼핑몰 4층 전체를 'GG몰'이라 명명하며, 50대 이상을 핵심 타깃으로 한 시니어 친화적인 쇼핑몰을 만들었다. 이온은 40년 전 일본의 황금기를 만들어낸 시니어들에게 'Grand Generation'이라는 이름을 붙여주었다.

GG몰은 오픈 시간부터 남다르다. 일찍 일어나는 시니어들을 위해 아침 7시에 문을 연다. 이곳에서는 매일 아침 7시 30분부터 15분 동안 걷기, 스트레칭, 체조, 에어로빅 등의 운동 프로그램을 무료로 운영한다. 4층은 '함께 시간을 즐기는 사람들을 위한 커뮤니티' 층으로 180미터의 워킹트랙, 상설 이벤트 공간인 GG 스테이지, 체육관과 재활센터 등이 있다. 시니어 전용 헬스장 3FIT은 시니어들에 맞춰 스트레칭 및 근력 훈련을 위주로 하며 전문 트레이너가 현장에서 도와준다. 또한 이온 컬처클럽이라 부르는 일종의 문화센터가 있어 시니어들의 창의적인 여가 활동을 지원한다. 어른들의 클래식, 발레, 건강체조, 50세부터 시작하는 중국어, 건강마사지, 장기, 바둑, 스타 소믈리에가 안내하는 세계 와이너리 탐방, 수제 소바 제조법, 음악교실 등 150여 개 프로그램이 있다. 쇼핑몰 한가운데에는 넓은 테이블이 있는 카페 코우안을 중심으로 다양한 취미를 즐기는 시니어들이 자연스럽게 교류할 수 있도록 꾸몄다. 단말기를 무상으로 대여해줘 편안히 앉아서 매장 및 프로그램 정보를 얻을 수 있다. GG몰의 4층은 시니어들이 가장 먼저 들르거나, 반드시 들르는 층으로 GG몰의 중심지 역할을 한다.

　운동을 마친 시니어는 각 층에서 판매하는 시니어 관련 상품들을 둘러보며 오전 시간을 보낸다. 1층은 '식생활' 층으로 낮은 진열대에 저염 식품, 소분 판매가 가능한 반찬과 즉석요리 등이 준비되어 있다. 2층은 '아름다움과 건강' 층으로 화장품 및 한약방, 약국 등 의약 관련 편의시설이 있다. 아울러 지역주민의 건강을 관리하는 전문 인력이 상시 거주하며 건강검진, 상담, 정보제공 등의 서비스를 제공한다. 3층은 '쾌적한 생활 솔루션' 층으로 보청기나 안경, 안전용품 등 시니어에게 필수적인 생활용품을 판매한다. 청소, 세탁, 열쇠 등 다양한 생활 서비스 코너도 마련되어 있다. 이후 2호점인 이온 야고토점, 3호점인 이온 마린피아점의 4층을 GG Floor로 확장하여 시니어에 특화된 공간을 운영 중이다.

　이온몰의 모기업인 이온리테일은 GG몰에서 얻은 시니어에 대한 노하우를 하나둘 다른 리테일에 적용하고 있다. 2021년에는 여성복 라인에 65~90세 이상의 시니어들을 대상으로 하는 브랜드를 강화하면서 매장을 최대 100평 규모로 확대하여 2025년까지 매출 2배를 목표로 하고 있다. 여성복 매출 최대 볼륨존은 30~64세의 미들 층이긴 하나 이 시장은 경쟁이 치열하고 점점 더 다품종 소량 생산화되어 시장 성장이 힘든 존이다. 오히려 65~90세 이상의 시니어 인구층이 경쟁이 치열하지 않아 상대적으로 시장 성장이 기대된다. 시니어의 의류 구매는 유행하는 몇몇 아이템에 집중되므로 스타일 수가 미들층처럼 많을 필요도 없어 생산효율도 높다.

이온리테일은 일부 시니어들만 좋아할 법한 스타일이 아닌 몸이 불편한 시니어들도 쉽게 입고 벗을 수 있는, 나이 든 몸을 편안하게 커버하는 스타일을 제안한다. 이를 위해 골든베어, 크로코다일 등 일본 내셔널 브랜드와 주네마망Jeune Maman, 키라비着楽美 등의 자체 브랜드, 독점 판매 중인 파트2 by 준코 시마다Part 2 by Junko Shimada, 컴포트 슈즈 등으로 원스톱 매장을 구성할 계획이다.[15] 시니어에 능숙하기에 할 수 있는 선택이다.

시간을 파는 쇼핑몰

GG몰의 강점은 촘촘한 콘텐츠 구성이다. 그것도 오직 시니어만을 위한 콘텐츠로 그들의 현실 라이프를 반영한다. 독보적인 콘텐츠 한 방으로 집객을 기획하기보다 작은 콘텐츠를 촘촘한 그물망처럼 짜서 고객이 밖으로 나갈 틈을 주지 않는다. 그렇게 GG몰은 시니어의 시간을 점유한다.

운동, 취미 프로그램은 시니어가 쉽게 시도할 수 있는 것들이지만 뻔하거나 단조롭지 않게 설계한다. 여가뿐 아니라 꼭 해야 하는 일상 잡무와 장보기가 동시에 가능하다. 제품은 시니어에 맞춰 선별된 것이므로 발품을 팔지 않아도 원하는 것을 쉽게 찾을 수 있다. 한 쇼핑몰 내에서 이동하므로 체력적인 부담도 적다. 동선은 짧고 밀도는 높다. 시니어는 GG몰 안에서 힘들이지 않고 해야 할 일과 하고 싶은 일을 모두 할 수 있다.

또 하나 눈여겨볼 점은 GG몰이 체험과 판매를 적절히 세련되게 조합한다는 점이다. 이를테면 악기 판매와 함께 운영하는 음악

GG몰은 시니어를 위한 이벤트를 개최하기도 하는데,

시니어를 위한 축제인 'GG컬렉션' 홍보를 위해 시니어 모델을 내세워

포스터를 만들기도 했다.

스튜디오, 수공예 전문점과 연계한 수공예 강좌, 반려동물 전문점에서 반려동물 음식을 구입해 카페에서 반려동물과 함께 식사를 할 수 있는 등 구성도 다양하다. 이 같은 체험공간은 새로운 매출을 창출한다. 전략 자체는 새롭지 않지만, 시니어가 원하는 것을 찾아내 자연스러운 흐름으로 만들었다는 점이 핵심이다.

GG몰이 여느 쇼핑몰과 차별화되는 이유는 '시니어'라는 고객의 '시간'을 직시하기 때문이다. 이온은 리뉴얼 전부터 시니어의 일상 속 리듬과 행동을 관찰했다. 그렇기에 "제2의 인생을 위해 쇼핑을 즐겨라"가 아니라 "제2의 인생에 펼쳐진 일상을 즐겁게 보내

라"고 말한다. GG몰의 슬로건처럼 '인생은 후반전이 재미있다'고
말이다.

시간을 공유하는 여행

시니어 버전의 에어비앤비라고 불리는 여행숙박 서비스가 있다.
2017년 아일랜드에서 시작한 프리버드클럽FreeBird Club이다. 50대 이
상의 시니어들이 자기 집 또는 방을 시니어 여행객에게 제공한다.
창업자 피터 망간Peter Mangan은 어머니가 돌아가신 후 홀로 남은 아
버지가 부수입을 얻기 위해 에어비앤비에 종종 집을 내놓았는데,
자신과 또래인 손님이 올 때마다 그들과 함께 골프 라운딩을 돌거
나 술집에 데려가 술 한잔 마시는 등 즐겁게 교류하는 모습을 목격
하고 사업 아이디어를 떠올렸다. 쉽게 고립감을 느끼는 시니어와
낯선 곳으로의 여행을 주저하는 시니어를 엮어준다면 서로에게 좋
은 인연이 될 수 있을 거라 생각했다.

프리버드클럽에는 두 가지 원칙이 있다. 첫 번째는 부수입이 필
요한 시니어에게 소득을 제공한다는 것이고, 두 번째는 여행자와
호스트가 함께 시간을 공유할 수 있게 함으로써 시니어의 사회적
고립을 막는다는 것이다. 시니어는 젊은 사람에 비해 집을 갖고 있
는 경우가 많고, 자녀들이 독립해 남은 빈방이 있어 숙박 공유에 유
리하다. 무엇보다 시니어를 누구보다 잘 아는 시니어가 서비스를
제공한다는 점이 가장 매력적이다.

프리버드클럽은 이메일 체크를 자주 하지 않는 시니어 고객의
특성을 반영해 문자 메시지로 예약 정보를 보내며, 여행객과 호스

50대 이상을 타깃으로 한 숙박 공유 플랫폼 프리버드클럽은
집이라는 공간만 공유하는 것이 아니라 호스트와 여행자가 서로의 시간을
함께 공유해야 한다는 원칙을 만들어 시니어의 사회적 고립을 막는 역할을 한다.

트에게서 각각 12%, 3%의 수수료를 받는다. 여행객이 서비스를 이
용하려면 25유로와 기본적인 인적 사항, 사진, 신분증 등을 제출해
야 한다. 호스트가 되려면 좀 더 까다로워서 직원 면접을 거쳐야 한
다. 호스트는 여행객과 어느 정도 시간을 보낼지 선택할 수 있다.

　여행객과 호스트는 프리버드클럽을 통해 서로의 정보를 확인할
수 있는데, 특이한 점은 여행객이 숙소를 고른 후 호스트가 숙박 여
부를 결정한다는 점이다. 여행객을 투숙객이 아닌 친구로 받아들
이는 프리버드클럽만의 시니어 호스트를 위한 장치다. 때문에 숙
소라는 공간을 고르는 것이 아니라 친구와 보낼 시간을 선택한다
는 표현이 더 맞다. 시니어들의 사회적 고립감을 해소한다는 목적
으로 시작된 서비스인 만큼 호스트와 여행객이 함께 밥을 먹고 지

역을 돌며 인연을 쌓는다는 조건이 붙는다. '클럽'이라는 단어가 괜히 붙은 게 아니다.

시니어들은 자신이 보유한 가장 큰 자산인 집을 통해 경제적인 수익을 얻는 동시에 새로운 시니어들과 교류할 수 있는 기회를 갖는다. 시니어 버전의 에어비앤비라고 소개되지만, 프리버드클럽은 호스트 시니어와 시니어 여행자의 '시간'에 대한 솔루션을 제공한다는 점에서 독창성이 있다. 에어비앤비가 현지인의 라이프스타일을 느껴볼 수 있는 공간을 제공하는 데 그친다면, 프리버드클럽은 거기에 시간을 추가한다. 공간보다 시간이 고민인 시니어의 특성을 잘 읽어낸 사례다.

향후 마음 맞는 여행 동반자를 찾을 수 있는 서비스를 추가하고, 유럽 여러 나라를 더 자유롭게 돌아다닐 수 있도록 할인된 인터레일interrail(일정 기간, 일정 지역에서 국유철도를 마음껏 이용하며 유럽을 여행할 수 있는 승차권) 기차표도 제공할 계획이라고 한다.

시니어 기획에서
럭셔리를 버릴 때

시니어에 관한 기사나 마케팅은 대부분은 액티브 시니어에 대해 이야기한다. 활동적이고 자유롭고 금전적으로도 여유로운 새로운 시니어를 '액티브'라고 정의하며, 이 시장이 커지기를 바라는 사람들도 많다. 물론 액티브 시니어가 마케터나 브랜드에 이상적인 타깃인 것은 맞다. 그러나 현실 시니어들 중 액티브 시니어라고 할 만한 사람들은 많지 않다.

럭셔리보다 실용과 편의

액티브 시니어만큼이나 비현실적인 용어가 '럭셔리 시니어'다. 시니어라면 모아놓은 자산이 많을 것이라는 막연한 기대를 하는 경우가 적잖게 있다. 대표적인 사례가 초기 실버타운이다. SBS 드라마 〈시크릿가든〉의 촬영지이기도 한 분당 더 헤리티지 너싱홈The

Heritage Nursing Home은 한 채당 분양가가 20억 원으로, 성남-분당 신도시라는 좋은 입지에 수영장과 레스토랑, 각종 커뮤니티 시설을 갖춘 최고급 실버타운이라는 이름이 아깝지 않은 곳이다. 그럼에도 이곳은 2016년에 경매에 부쳐졌다.[16] 한국교직원공제회 더케이에서 운영했던 더케이 서드에이지The K Third Age도 누적 적자로 인해 2021년 사업을 중단했고,[17] 명지학원의 명지 엘펜하임Elfenheim 실버타운도 보증금을 반환하지 못하여 파산 위기에 몰렸었다.[18] 현존하는 국내 최고급 실버타운으로 손꼽히는 더 클래식500The Classic500도 2019년까지는 적자를 기록했다.[19]

모든 시니어가 명품 소비를 즐기고 골프를 치며, 고급 자동차를 구매하는 것은 아니다. 오히려 길어진 수명에 제대로 노후 준비를 하지 못했거나 준비를 했더라도 당장 소비하기보다는 지출을 줄이고 싶어 하는 사람들이 더 많다. 상위 5%의 럭셔리 시니어들도 애매하게 구성된 '럭셔리 시니어 상품'에 호응하기보다는 '기존 럭셔리 상품' 시장을 선택할 가능성이 더 크다. 럭셔리 고객층이 왜 굳이 럭셔리 시니어 시장에 눈을 돌리겠는가.

보통 시니어의 눈에 맞춰라

이는 통계로 확인하면 더 분명해진다. 일본 재무성이 내놓은 실버 시장 보고서(2016년)는 고령자의 경제적 상황을 보여준다. 시니어 전체 인구 중 10%는 부유하며, 10%는 지원이 필요한 가난한 노인들이다. 나머지 80%는 가난하지도 부유하지도 않은 보통의 노인이다. 우리는 대다수의 시니어를 바라볼 필요가 있다. 막연하게 시니

시니어 경제력 분포도

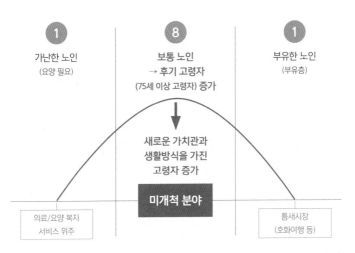

출처: 일본 재무성 자료 재가공

어를 약자로 생각하는 기획도 그른 방향이지만, 럭셔리 시니어층의 니즈나 라이프스타일을 파악하고 이를 제대로 관통하는 기획의 성공 가능성은 더 희박하다.

시니어 시장을 규정하는 동력 중 놓쳐서는 안 될 중요 요소는 가처분 소득이다. 국내 시니어의 가처분 소득은 그들의 취향이나 개성과 무관하게 대부분 낮은 편이다. OECD에 따르면 우리나라 65세 이상 가구의 가처분 소득은 전체 평균의 65.1% 수준이다(2021년 기준). 시니어를 타깃으로 하는 제품이나 서비스의 성공 사례가 드문 이유도 이들의 현실을 고려하지 않은 무분별한 접근 때문인 경우가 많다. 이 부분을 간과하거나 시니어의 현실을 무시한 채 지나친 환상으로 접근하면, 시니어들의 외면은 피할 수 없다.
그렇다면 시니어가 기꺼이 지갑을 여는 상황은 어떻게 만들어야
할까?

시니어 할인은 언제나 옳다

우리는 일본의 연금생활자에 관한 기사에서 이런 소비에 대한 긍
정적인 신호를 찾아볼 수 있다. 2019년 《니혼게이자이》 신문에 실
린 "결전의 연금 지급일"이라는 기사는 일본 시니어들의 연금 지
급일이 일본 슈퍼마켓의 대목이라고 알려준다.[20] 월급과는 달리 일
본의 연금은 짝수 달 15일에 지급되는데, 이날 연금을 받은 시니어
들의 소비가 눈에 띄게 늘어난다고 한다. 심지어 마트들이 몇 년 동
안 추적해본 결과, 연금 지급일 매출액이 월급날보다 크다는 사실
을 알 수 있었다.

이에 일본 마트들은 매월 혹은 짝수 달 15일마다 '스마일 시니
어데이スマイルシニアデー'라는 할인 행사를 개최하여 시니어들의 소비
를 이끌었다. 연금은 중단 없이 꾸준히 들어오는 소득이라 일단 연
금생활자가 선호하는 브랜드가 되면 대박은 아니더라도 꾸준한 판
매가 보장되는 시장을 갖게 된다.

일본은 이렇게 연금생활자를 중심으로 시니어 시장이 형성되
고 있다. 가격에 민감한 연금생활자 시니어를 위한 일본의 할인시
장은 일상생활에서 레저까지 폭이 넓다. 외식업체 중에는 60세 이
상에게 할인 서비스를 제공하는 기업이 많으며, 슈퍼마켓이나 드
럭스토어, 슈플라자shoe plaza와 같은 유통에서는 매달 연금이 나오

는 15일 전후로 '시니어 감사 데이', '건강하실 날', '해피 55데이' 등의 시니어 할인 혹은 포인트 추가 지급, 택배 서비스 무료 등의 서비스를 제공한다. 시니어와 관련 없어 보이는 토이저러스^{Toys"R"us}도 50세 이상 고객들에게 매월 15일에 10% 할인 혜택을 제공한다. 일명 '손자할인^{まご割}'이다. 이온에서는 55세 이상 고객이 매달 15일 G.G 와온^{G.G WAON} 전자화폐 카드를 사용하면 5% 할인되며, 매달 5일, 15일, 25일에는 포인트를 2배 지급한다. 교통 할인 혜택도 많은데, JR 노선은 회원 한정 시니어 할인 요금제를 운영 중이다. JR 연회비를 내면 특가로 연중 할인을 해주는 리조트가 일본 전역에 37개가 있다. 레저 시설이나 영화관, 영어회화 레슨이나 스포츠 클럽에서는 평일 낮이나 특정 요일을 정해서 시니어 할인을 적용한다. 시니어 우대를 하면서 동시에 손님이 없는 시간에 트래픽을 만드는 것이다.

미국은 어떨까? 미국에서 시니어 할인은 필수 요소처럼 확대되는 추세다. 실제로 구글에 '시니어 할인'을 검색하면 미국에 사는 한인들을 위한 시니어 할인 정보가 나올 정도로 다양한 분야의 할인 혜택을 찾을 수 있다. 아마존은 AARP 회원이라면 물품에 따라 다른 가격 할인 혜택을 제공하며, 드럭스토어 월그린^{Walgreen}은 월 1회 시니어 할인 제공에서 최근 매주 화요일마다 할인 혜택을 받을 수 있게 늘렸다. 특히 55세 이상의 AARP 회원은 온라인 가입 회원에 한해 30% 할인이 제공되며, 매장에서는 밸런스 리워드^{Balance Reward} 카드가 있는 고객에 한정해 20% 할인이 제공된다. 시즐러^{Sizzler}, 서브웨이^{Subway} 등 미국의 유명 레스토랑 체인들도 시니어들에게 5~10%의 할인을 제공하거나 음료 한 잔을 무료로 준다.

이외에도 시니어에게는 다양한 외식, 식료품점, 유통, 처방 약, 렌터카, 비행기 티켓, 호텔, 크루즈, 통신료, 의료 알림 시스템 등의 비용이 할인된다. 대부분 상시 할인이며, 아닌 경우는 화요일이나 수요일에 시니어 할인이 된다. 화요일이나 수요일은 오프라인에서 손님이 제일 없는 날이기 때문이다. 기업들은 시니어 우대정책으로 공정하고 올바른 기업 이미지를 얻는 동시에 한산한 매장을 시니어 고객으로 채우려는 것이다.

미국에서 시니어 할인 개념을 가장 빨리 받아들인 업체는 유통업체였다. 미국 최대의 식료품업체 크로거Kroger Co.는 2000년대 초부터 매월 첫 번째 화요일에 55세 이상 고객을 위한 할인을 제공했다. 이 할인 혜택은 2017년 종료되었으나 시니어들은 할인 종료 후에도 주유 리워드, 디지털/종이 쿠폰, 금요일 무료 다운로드 아이템, 로열티 메일러mailer 등의 혜택을 받는다.

이렇듯 미국의 시니어 할인은 AARP의 파워에 기인한다. AARP에서 뉴스레터가 날아오면 은퇴할 날이 가까워진 것이라는 밈meme(SNS 등에서 유행하여 다양한 모습으로 복제되는 짤방 혹은 패러디물)이 있을 정도다. 그만큼 AARP는 미국에서 50세 이후의 삶에 강력한 영향을 미치는 모든 주제를 다룬다. AARP는 'American Association of Retired Persons'라는 의미지만, 은퇴자가 아닌 50세 이상의 모든 시니어로 대상을 확대하면서 공식적으로만 이 약어를 사용하고, 현재는 '진정한 가능성을 위한 동맹An Ally for Real Possibilities'으로 새롭게 해석하고 있다.

AARP는 1958년 에델 퍼시 앤드러스Ethel Percy Andrus와 레오나드 데이비드에 의해 설립되었다. 50대 이상의 은퇴자 및 은퇴예정자를 회원으로 두는 미국 최대 규모의 비영리 단체로 성장한 이들은 150명의 로비스트를 두고 있으며(2018년 기준), 사회, 정치적 영향력도 막강하다. AARP는 회원들에게 경제적 혜택과 더불어 건강, 가족 관계, 일자리, 사회적 안전성 등에 시니어의 삶에 대한 정보와 참여 활동, 각종 커뮤니티를 제공한다.

미국의 65세 시니어 인구가 5천만 명인데, AARP의 유료 회원 수는 3,800만 명으로, 시니어 유권자의 절반 이상을 차지하니 그 영향력을 짐작할 수 있을 것이다. 그러니 기업이나 단체들은 AARP의 할인 요구를 받아들일 수밖에 없다. 기업들도 할인 프로모션을 알릴 방법으로 AARP를 선택한다. 시니어 정책에 막강한 영향력을 행사하는 AARP의 사례는 지금 우리나라 시니어들에게 필요한 것이 조직의 힘이라는 것을 보여준다.

우리나라는 시니어 할인이 활발하지 않은 편이다. 통신 3사의 시니어 할인 요금제 정도가 있다(SKT의 뉴실버 요금제, T끼리 어르신, T플랜 시니어 세이브, KT의 효 요금제, 순 골든, 시니어 베이직, LGU+의 LTE 시니어 16.5, LTE 데이터 시니어 33 등이 있다). 통신사 할인 외에는 CJ CGV의 치어스 클럽이나 롯데시네마의 브라보 클럽 등이 있는데, 1년에 한 번 혹은 두 번, 주중 영화관람 쿠폰이나 할인쿠폰, 음료수 할인쿠폰 등을 제공하는 정도다. 우리나라의 시니어 할인은 아직 정부 주도의 혜택이 대부분이다. 대표적인 예가 교통요금 할인이다. 시니어는 시니어 패스를 통해 기차요금의 30%를 할인받으며,

도시철도나 수도권 전철은 무료로 이용할 수 있다.

　국내 기업과 브랜드는 시니어라는 카테고리를 따로 부각해 마케팅하거나 혜택을 주는 활동에 조심스러워한다. 미국의 AARP와 같은 파워 집단이나 시니어 인구 규모가 막강한 일본처럼 시니어의 영향력이 부족한 것도 이유이나, 기업들이 아직 시니어의 영향력을 파악하지 못한 탓이 크다. 시니어가 돈이 많아도 돈을 쓰기 어려운 이유, 그럼에도 불구하고 그들이 돈을 쓰는 상황은 어떤 상황인지, 그들에게 왜 할인이 통하는지, 어떤 관계에 돈을 쓰는지 등이 모든 건 상상의 시니어가 아닌 현실을 바라봐야 알 수 있는 것들이다.

기술이 할 수 있는
것을 하라

기술은 시니어 삶의 질을 높인다. 최신기기 사용법을 알려주거나 일상생활을 돕는 서비스, 노화나 장애로 생기는 문제를 해결하는 기술 등 시니어가 스스로 살 수 있도록 돕는 다방면의 기술이 새롭게 발명되고 있다. 기술은 시니어 문제를 해결하는 것에 그치지 않고 시니어에 대한 사회 인식을 긍정적으로 바꾸기도 한다.

노동을 연장하는 에이지 테크 Age-tech 21

도쿄 이공대학에서 분사한 스타트업 이노피스INNOPHYS는 2020년 10월 머슬 슈트 에브리Muscle Suit Every를 론칭했다. 론칭 당시 14만 9,600엔(약 161만 원)에 출시된 이 슈트는 "당신의 오랜 노동을 격려합니다"라는 메시지를 내세웠다. 머슬 슈트 에브리는 말 그대로 입는 근육이다. 슈트 무게는 3킬로그램 정도인데, 입으면 누구나 최

@innophys.jp

이노피스의 머슬 슈트 에브리는
계속 일하고 싶지만,
나이가 들면서 육체노동을 하기 힘든
시니어의 근육이 되어주어
노동 수명을 연장해준다.

대 25.5킬로그램의 보조 근력을 얻을 수 있다. 원리는 간단하다. 등쪽 프레임에 부착된 인공 근육의 공기압으로 허벅지 프레임을 회전시켜 상체를 세우는 것에 도움을 준다. 전기로 작동되는 것이 아니어서 가동 시간에 제한이 없고, 사용 후에는 빠진 만큼 핸드 펌프로 공기를 넣어주면 된다.[22]

나이가 들면 대부분 근육량은 축소되고 뼈가 약해지면서 자연스럽게 허리가 굽고, 무거운 것을 들기 어려워져 육체노동을 하기 힘들어지는데, 이 슈트는 계속 일하고 싶은 시니어의 노동 수명을 연장해준다. 실제로 절인 무를 제조 및 판매하는 가족 기업을 운영하고 있는 이노피스의 한 고객은 슈트 착용 후 70대인 아버지가 꽤 많은 중량을 드는 일도 거뜬히 해낸다고 말했다. 머슬 슈트 에브리는 시니어뿐 아니라 주부, 현장 근로자 등 일상에서 힘을 써야 하는 사람들에게도 인기다. 국내에서는 100만 원대에 구매할 수 있다.

머슬 슈트 에브리 같은 기기 말고도 새로운 원리를 도입한 의자도 시니어들이 더 오래 일할 수 있게 돕는다. 독일의 자동차회사 아우디[Audi]는 50대 이상의 고령 숙련 노동자가 계속 일할 수 있도록 착용형 의자[wearable chair]인 누니[Noonee]의 체어리스 체어[Chairless Chair]를 도입했다.[23] 취리히연방공대[ETH] 부설 생체모방로봇연구소와 스위스 외골격 시스템 전문기업 누니가 공동 개발한 체어리스 체어는 근로자가 불편한 자세로 일할 때 하반신에 주는 부담을 줄여주는 의자다.

제조 현장에서 근로자는 머리를 숙이거나 몸을 구부린 자세, 엉거주춤한 자세로 장시간 서 있어야 하는 고통이 있다. 누니의 체어리스 체어는 불편한 자세에도 더 오래 편안하게 일할 수 있도록 해준다. 신발 바닥과 연결된 막대 형태의 프레임이 다리를 따라 엉덩이까지 이어지면서 체중을 지탱해주기 때문이다. 의자는 다리와

머슬 슈트 에브리 사용 용도

간호 지원

농사

제설 작업 또는 기타 노동 작업

불편한 자세 유지

무거운 짐 나르기

@innophys.jp

누니 체어리스 체어 기능

 150cm~200cm 사용자에게 적용 가능

 최적화된 크기, 피팅, 통기성 소재 및 편안함

 제품 무게 25% 감소

 벨트, 시트 패드, 레그 스트랩, 신발 커넥터와 같은
직물의 새로운 재료와 디자인

@noonee.com

허리에 벨트와 벨크로로 고정되어 불편한 자세에도 허리나 하반신에 부담이 가지 않아 부상 위험을 줄여준다. 이 의자는 배터리가 필요하지만 6볼트로 24시간 구동할 수 있으며, 알루미늄과 탄소 섬유 재질로 가벼운 것도 장점이다.[24] 더 편하게 일할 수 있도록 도와주는 이 의자 덕분에 숙련공을 구하기 힘들고 비싼 인건비로 고민이 많았던 독일 제조업체는 해결책을 찾을 수 있었다. 계속 일하고 싶은, 또는 해야 하는 중장년 노동자들의 이해관계가 맞아 들어간 것은 물론이다.

상용화가 상당히 진행된 착용형 의자는 오래 서 있어야 하는 외과 수술, 제조 및 판매 현장뿐 아니라 장시간 서서 버텨야 하는 낚시나 촬영 등 한 시간 이상 서 있어야 하는 곳에서 유용하게 사용되고 있다.

우리나라에서도 지속적으로 산업용 웨어러블 로봇기술을 개발하고 있는데, 2018년 LG가 개발한 수트봇이 대표적인 예다. 'LG 클로이 수트봇LG CLOi SuitBot은 두 가지 종류가 있다. 착용자의 하체를 지지하는 하체 근력 지원용과 허리 근력 지원용이다. 하체 근력 지원용은 허리와 두 다리에 착용하는 것으로 하체의 근력을 보조해줘 제조업, 건설업 등 산업 현장에서 훨씬 적은 힘으로도 무거운 물건을 옮길 수 있도록 해준다. 허리 근력 지원용 로봇은 일정 각도 이상으로 허리를 굽히면 수트봇이 이를 감지해 준비상태에 들어가고 사용자가 허리를 펼 때 허리에 가해지는 힘을 보조하는 방식으로 작동된다. 말 그대로 아이언맨 수트와 같은 인간 증강human augmentation 기술이 현실화되고 있다.

혹자는 시니어가 로봇의 힘을 빌려서까지 신체적 한계를 극복해가며 일을 하는 상황에 대해 이의를 제기할 수도 있다. 시니어라

@noonee.com

웨어러블 의자 누니는
오래 서서 일하는 근로자의
하반신에 부담을 줄여줘
불편한 자세에도 더 편하게
일할 수 있도록 도와준다.

면 일보다 휴식과 여유를 선택해야 한다고 생각할 수 있다. 그러나 중요한 것은 삶의 가능성이다. 나이가 들어 힘이 없어졌다는 이유로 하고 싶은 일을 못 하는 것과 그럼에도 도움을 받아 자신이 계획하는 일을 할 수 있다는 것의 차이다. 기술의 발전으로 시니어가 할 수 있는 일의 다양성과 가능성이 커지고 있다. 시니어의 물리적인 한계를 극복하도록 도와주는 기술은 일과 관련된 부분이 아니더라도 일상생활에 불편함을 많이 덜어줄 것이다. 이로써 시니어는 다른 사람의 도움 없이도 독립적으로 살며, 더 오래 스스로 삶을 영위하며 살 수 있을 것이고, 많은 일을 할 수 있게 될 것이다.

시니어가 로봇 수트를 입을까

일본의 에이지 테크는 초고령 사회인 일본에 맞게 발전하고 있다. 소니 아이보^{Aibo}와 같은 애완 로봇에서부터 근력 부족 장애로 일어설 수 없는 시니어를 위한 스탠딩 휠체어, 한 번에 입고 벗을 수 있는 간편 파자마까지 특성과 필요에 따라 세분화된 다양한 제품을 찾을 수 있다. 에이지 테크의 핵심은 도움을 받아야만 영위하는 삶이 아니라 스스로 살 수 있는 삶으로 바꾼다는 것이다. 빅데이터나 AI와 같은 첨단 기술만이 시니어의 삶을 바꿀 수 있는 것이 아니다. 사소한 기술과 관찰만으로도 시니어의 일상을 변화시킬 수 있다.

그렇다면 시니어는 이런 로봇 수트를 입을까? 키오스크조차 어려워하는 시니어지만 평범한 일상을 계속 지속할 수 있다면 기꺼이 로봇 수트를 입을 것이다. 물론 처음에는 낯선 기술에 거부감이 들겠지만, 시간이 지나면서 기술의 도움을 기꺼이 수용할 것이다. 시니어가 첨단 기술에 갖는 거부감은 특별한 게 아니다. 누구나 처음 경험하는 것은 두려워한다. 특정 기술을 두려워한다기보다는 낯선 기술의 복잡함을 어려워한다고 보는 것이 더 타당하다. 익숙한 방식으로 접근할 수만 있다면 시니어는 그 어떤 세대보다 더 유용하게, 그리고 절실하게 기술을 생활 속에 끌어들일 것이다. 시니어는 기술에 서투를 것이라는 생각을 접어두고 기술이 할 수 있는 최선의 것을 하는 것, 그것이 브랜드가 가져야 할 태도다.

2부

시니어를 움직이는 ————

4가지 욕망

2021년 서점가에는 '할머니' 열풍이 불었다. 할머니를 키워드로 한 도서 판매가 전년 대비 47.1%나 증가한 것이다.[1] 《이상하고 자유로운 할머니가 되고 싶어》, 《장래희망은, 귀여운 할머니》, 《진짜 멋진 할머니가 되어버렸지 뭐야》 등이 출판시장의 주 구매층인 20~40대 여성의 선택을 받았다.

할머니에 열광하는 그녀들의 마음은 복잡하다. 현실로 다가온 고령화 시대에 '폐지 줍는 노인'은 그녀들의 불안을 대변한다. 노년을 상상하면 '늙어서 몸도 불편한데 살기 위해 폐지 줍는 노인'의 모습이 한켠에 떠오른다.[2] 그녀들은 적극적으로 다른 대안을 탐색한다. 배우 윤여정, 모델 문숙, 유튜버 밀라논나의 모습은 희망을 준다. 그러나 선뜻 나의 노년으로 상상되지는 않는다. 그녀들에게 위로를 주는 것은 오히려 평범한 현실 할머니다. 책에서 발견하는

평범한 할머니들이 나름 귀엽고 멋지게 일상을 살아가는 모습에
비로소 안심한다.

폐지 줍는 노인과 귀여운 할머니 사이

시니어 시장을 움직이는 축은 '돈', '건강', '관계'다. 경제적 여유가
있고 없음에 따라, 건강 여부에 따라, 사회적 관계가 활성화된 정도
에 따라 소비성향이 달라진다. 건강하지만 돈이 없는 사람과 돈은
있지만 건강하지 않은 사람의 소비는 분명 다르다.

　이 세 가지는 시니어의 3대 불안이기도 하다. 돈, 건강, 관계가
여의치 않은 빈곤하고 아프고 외로운 삶은 가장 피하고 싶은 노년
이다. 현실적인 대안으로 '귀여운 할머니'를 꿈꾸지만 그것도 쉬운
일은 아니다. 경제적 여유가 있고 건강하며, 사회적 관계가 다양해
시대 감각을 유지할 수 있어야 하기 때문이다. 대개 셋 중 한두 가
지는 여의치 않은 게 현실이다.

시니어 시장을 움직이는 세 가지 축

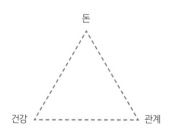

불안은 회피하거나 벗어나는 본능적이고 즉각적인 반응을 불러일으킨다. 특히 건강에 대한 불안이 그렇다. 젊었을 때보다 육체적 능력이 떨어지고 기억력이나 인지능력도 저하된다. 외부 자극에 대해 자신이 원하는 속도와 정도로 반응하지 못하는데, 그 차이를 직접 체감하기에 불안을 넘어 공포를 느끼기도 한다. 이런 이유로 나이가 들수록 안전과 안심에 대한 욕구가 강해진다. 보험에 가입하고 건강기능식품을 챙겨 먹어야 안심이 된다. 노년의 나를 지켜줄 안전망이라 여기기 때문이다.

평균수명의 증가도 마냥 반갑지만은 않다. '골골대는 100세'는 축복이 아니라 재앙이다. 요즘 시니어에게는 '건강수명'이라는 새로운 과제가 부가된 셈이다. 건강에 대한 욕구는 더 강해지고 더 다양해져서 노화 방지, 암 예방, 뇌 건강 등 챙겨야 할 것들이 너무 많다. 건강기능식품을 보면 명확하다. 면역력만 챙기면 그만이었던 예전과 달리, 이제는 비타민, 칼슘은 물론이고 오메가3, 유산균, 루테인은 기본이다. 포스파티딜세린, NMN, 레스베라트롤 등 이름을 기억하기도 어렵지만, 꼭 챙겨 먹어야 한다는 새로운 건강기능식품들이 계속 나온다.

그런데 시니어를 움직이는 것이 불안뿐일까? 요즘 시니어들의 새로운 관심은 단백질과 콜라겐이다. 근육운동을 하는 사람이 먹는 단백질, 젊은 여성이 먹는 콜라겐을 시니어들이 먹기 시작했다. 그들이 원하는 것은 '근육'과 '탄력'이다. 왕성하게 활동할 수 있는 능력, 근육 잡힌 몸매와 탄력 있는 피부가 주는 매력이 요즘 시니어가 바라는 '건강'이다. 건강에 대한 걱정과 불안은 항상 있지만, 그

렇다고 단지 질병에 걸리지 않은 상태, 무병장수가 욕망의 전부는
아니라는 것이다.

시니어 시장을 읽는 방법: 불안과 욕망

불안과 욕망은 시니어 시장을 입체적으로 만드는 동시에 접근하기
어렵게 한다. 실버산업을 거치며 그나마 돈, 건강, 관계에 대한 불
안을 읽는 데에는 제법 익숙해졌지만, 시니어들의 욕망은 낯설다.
하지만 불안과 욕망을 함께 보지 않으면 시니어를 온전히 이해하
기 힘들다.

가령 시니어의 자기계발을 보자. 두 가지 매우 다른 목적이 있
다. 하나는 은퇴 후 새로운 일자리를 위한 자기계발이다. 돈 걱정을
덜고, 부족한 노후자금을 충당할 목적이다. 이 경우에는 젊은 세대
의 자기계발과 크게 다르지 않아서 다시 교육시스템에 편입하거나
자격증 시험을 준비한다. 다른 하나는 흥미를 목적으로 하는 자기
계발이다. 가벼운 학습을 통해 지적 흥미를 채우거나 취미생활을
하면서 새로운 사람을 만나는 데 만족한다. 단지 시간을 잘 보내기
위해서, 단조로운 일상을 벗어나기 위해서일 수도 있다.

요즘은 이 두 가지가 포개지기도 한다. 덕업일치라는 시대의 로
망이 시니어 세대에게도 적용된다. 모델학원이나 시니어 영상교실
(유튜브 크리에이터가 되기 위한 수업 등)이 인기다. 생계를 위해 배우는
시니어, 시간을 좀 더 즐겁게 보내고 싶어 배우는 시니어, 생업 때
문에 포기했던 꿈을 이루기 위해 배우는 시니어, 순수한 지적 욕구
를 위해 배우는 시니어 등 불안과 욕망이 뒤섞이며 시니어 시장은

입체적인 성격을 갖게 된다.

불안이 시니어 시장을 단단하게 한다면, 욕망은 시장을 다채롭게 만든다. 앞으로 우리가 시선을 집중해야 할 것은 그동안 보지 못했던 시니어의 욕망이다. 시니어가 가진 욕망은 시니어의 수만큼 다양하지만, 시장을 움직이는 주요한 욕망으로 크게 개성, 관계, 취향, 성장 네 가지를 꼽아보았다.

첫째, 개성. 시니어는 개성이 가장 강한 존재다. 살면서 했던 무수한 선택의 결과, 그 자체가 시니어이기 때문이다. 그럼에도 불구하고 우리가 생각하는 노년의 상이 매우 비슷한 이유는 무엇일까? 이는 시장의 탓이 크다. 그동안 아웃도어 패션과 뽀글이 파마, 단화와 운동화 외에 시니어들이 선택할 수 있는 게 많지 않았다. 하지만 최근 들어 시니어가 개성적 모습을 표현할 수 있도록 도와주는 브랜드가 점점 늘고 있고, 시니어의 개성을 발산할 수 있는 미디어도 늘었다. 부모의 역할, 직장 내 타이틀 때문에 숨겨왔던 '인간 ○○○'의 개성을 마음껏 표출하고자 하는 시니어들이 늘어나고 있다.

둘째, 관계. 시니어는 새로운 연결을 원한다. 고립에 대한 불안만큼이나 새로운 관계를 통해 즐거움을 얻고 성장하길 원한다. 노년이라고 해서 가족과 몇몇 오랜 친구가 유일한 관계망이 될 필요는 없다. 가볍거나 진지한, 단기적이거나 장기적인, 온라인 또는 오프라인 등 다양한 수준에서의 관계를 원하는 시니어와 그런 관계를 제안하는 서비스가 속속 등장하고 있다. 이뿐만 아니라 가족 관계에서도 새로운 케미가 만들어지고 있다. 단순히 부모-자녀보다는 형제 같은 부자, 자매 같은 모녀 관계가 흔해졌다.

셋째, 취향. 어느 대학을 나오고 어떤 회사에서 어떤 직위까지 올랐었는지, 연봉은 얼마고 자산은 또 얼마인지는 진짜 어른들의 세계에서는 통하지 않는다. 스펙 쌓을 시기는 이미 지났다. 시니어에게 최고의 찬사는 좋은 안목과 취향, 그리고 스타일이다. 이것이야말로 지금껏 살아온 그 사람의 삶의 태도와 깊이를 말해주기 때문이다. 시니어 세계에서 힘이 되는 것은 잘 기른 안목, 또렷한 취향, 독특하고 매력적인 스타일이다.

넷째, 성장. 시니어도 성장한다. 젊은이는 성장한다고 말하면서 시니어는 왜 늙는다고 말하는가? 100세 시대에 완결된 인생이란 없다. 인간은 죽을 때까지 성장한다. 시니어도 인생의 큰 모험을 몇 번이고 할 수 있는 나이다. 시니어는 여전히 삶을 탐험하고 변화를 모색하며, 몰랐던 세상을 발견하고, 새로운 사실을 깨닫길 원한다. 시니어의 성장은 교육 카테고리에 한정되지 않는다. 건강, 뷰티, 여행, 외식 등 모든 분야에서 성장의 코드가 유효하다.

100세 시대, 마케터의 일

비교적 건강하고 보통의 경제적 여유를 가진 대다수의 평범한 시니어들의 일상, 그 속에 있는 불안과 욕망이 시니어 시장을 만든다. 불안과 욕망을 함께 읽어내야 입체적인 시니어 시장을 제대로 볼 수 있다. 더불어 시니어를 시장 이상으로 보는 더 넓은 시각, 무엇보다 다정한 시각이 필요하다. 지금 시니어는 처음 만나는 100세 시대의 첫 번째 시니어다. 그들이 가는 길이 향후 X세대, MZ세대, 그리고 알파 세대가 갈 길이므로, 그들의 노년은 반드시 행복해야 한다. 행복한 시니어가 다른 세대의 불안을 잠재울 것이다.

지금 마케터와 기업의 할 일은 시니어가 더 행복해지는 시장을 만드는 것이다. 시니어에게 다정한 브랜드, 다정한 기업만이 시니어 시장에서 살아남을 수 있다. 욕망이라는 단어의 사전적 의미는 '부족을 느껴 무엇을 가지거나 누리고자 탐하는 것, 또는 그런 마음'을 뜻한다. 앞으로의 시니어는 지금까지 살아온 것과는 다른 욕망을 추구하거나 시도할 것이다.

1장

개성

마이크로 시니어에게 맞춰라

원하는 모습으로
나이 드는 시니어

"'독특하다'는 것은 긍정적인 의미도, 부정적인 의미도 아닙니다. 우리들 각자는 자연스럽게 나이가 들면서 더욱 독특해지고, 차별화되죠. 노인들은 점점 서로를 덜 닮게 됩니다. 나이 들수록 우리 각자의 사랑스러운 부분과 불완전한 부분이 더 강하게 돌출됩니다. 그래서 젊은이들보다 나이가 들면서 훨씬 더 다양해지죠. 사람마다 노화의 속도도 다 제각각이고요. 노인의 독특함은 오랜 시간을 견딘 대가로 주는 보상이에요. 성격 면에서나 육체 면에서나 더 개인화된 노인들 덕에 제 진료도 거의 맞춤형으로 진행되고 있어요."

– 노화학자 마크 E. 윌리엄스 박사 인터뷰 중에서 [1]

시니어야말로 개성적인 존재다

마크 E. 윌리엄스^{Mark E. Williams} 박사의 말처럼 우리는 나이가 들수록 더 독특해진다. 오랜 시간 누적된 선택의 결과 그 자체인 노년의 모습이 같을 리 없다. '다른 사람이나 개체와 구별되는 고유의 특성'을 뜻하는 개성個性, individuality은 젊음보다 노년에 더 어울리는 단어가 아닐까.

우리는 지금 전례 없이 다양한 시니어상을 마주하고 있다. 황혼청춘의 인생을 이야기한 tvN 드라마 〈디어 마이 프렌즈〉나 일흔에 발레를 시작한 시니어와 스물셋 발레리노가 등장하는 〈나빌레라〉 같이 시니어를 주인공으로 한 드라마가 등장하더니 다양한 SNS 채널을 통해 개성 있는 실존 시니어들이 모습을 드러내고 있다.

인스타그램에 손자들을 위해 글과 그림을 올리는 이찬재, 안경자 부부는 40만 팔로워@drawings_for_my_grandchildren를 보유한 인스타그래머다. 부부가 코로나19 백신주사를 맞은 이야기, TV로 윤여정 배우의 아카데미 여우조연상 수상식을 본 소감, 완두콩을 깐 어느 평범한 하루를 글과 그림으로 손자에게 전한다. 이 부부가 그리고 쓰는 소소한 일상은 특별하지 않지만 따뜻하고 평온한 노년의 나날들을 상상하게 한다.

60대 일본인 노부부 본과 폰bon·pon도 85만 팔로워를 보유한 유명 인플루언서다. 본은 남편의 별명, 폰은 아내의 별명이다. 부부는 이 별명으로 책《본과 폰 Bon&Pon》도 내고, 그들의 결혼기념일 숫자를 더한 계정 주소@bonpon511로 인스타그램도 운영한다. 은퇴 후 별다를 것 없는 일상에서 부부만의 기록을 남기기 위해 사진을 찍기 시작한 이 부부는 커플룩으로 유명하다. 똑같은 옷을 입기도 하지만 패턴, 컬러, 소재가 비슷한 옷을 매치해서 커플룩을 연출하는데, 그 다양함이 놀랍다.

부부뿐 아니라 개인 시니어 인플루언서도 많다. 시니어 모델인 김칠두, 김광택, 문숙과 유튜버 밀라논나, 박막례 그리고 재단사 여용기까지 개성 넘치는 이들의 모습은 요즘 시니어뿐 아니라 젊은 이들에게도 영감을 준다. 그런데 문득 이런 생각이 들 것이다. '왜 내 주위의 시니어들은 다 비슷비슷해 보이지?' 개성 넘치는 시니어를 현실에서는 왜 만나기 힘든 걸까?

시니어에게 가장 필요한 것은 선택의 폭

개성이 절정에 달해야 할 노년임에도 우리가 떠올리는 시니어의 모습이 비슷비슷한 것은 시장의 탓이다. 나이가 들면 구두보다 운동화나 단화가 좋아지는 걸까? 신어도 발이 아프지 않고 발목과 무릎에 무리가 가지 않는 구두가 없기 때문 아닐까? 등산복이나 골프복을 일상복처럼 입는 이유도 그것만큼 편안한 재킷이나 원피스, 또는 정장이 없기 때문이 아닐까? 뽀글이 파마가 좋아졌다기보다는 얇아진 머리카락을 힘있게 세울 방법이 없고, 파마를 자주 할 만큼 두피가 튼튼하지 않아서 그런 게 아닐까? 나이 들었다는 이유만으로 삶의 선택지들은 확연히 줄어든다.

나이 듦이 서러운 것은 노화 그 자체가 아니라 늙었다는 이유만으로 포기해야 할 것과 감수해야 할 불편들이 늘어나기 때문이다. 시장과 사회가 그것을 당연하다는 듯 요구한다. 그러나 새로운 시니어들은 불편을 감수하지 않을 것이다. 나이 들었다는 이유로 좁은 선택지의 세계로 순순히 들어갈 시니어는 점점 줄어들 것이다.

벨스&벡스Bells&Becks는 2018년 론칭한 미국의 여성 구두 브랜드다. 로드앤테일러Lord&Taylor, 메이시Macy's 백화점 등에서 25년 동안 신발 부문 MD로 활동해온 타마 밀러Tamar Miller는 중년 여성을 타깃으로 한 브랜드를 만들었다. 밀레니얼과 Z세대에 밀려 시장에서 주목받지 못한 중년 여성에 주목한 것이다. 그녀는 그들이 하루 종일 신을 수 있는 편안함만큼이나 스타일도 중요하게 여긴다고 생각했다. 편안함만 추구한다면 운동화로도 충분할 테니 말이다.

밀러는 세상에 신발은 넘쳐나지만, 시니어가 신을 만한 스타일리시한 구두는 찾을 수 없었다. 오랫동안 전 세계에서 출시되는 신발을 관찰하고 큐레이션해온 그녀는 패션 분야에서 나이 든 여성이 소비자로서 심각하게 소외되어 있다고 생각했다. 그래서 구매력을 갖춘 X세대 여성에게 주목했다. 이들에게 구매할 만한 확실한 이유를 준다면 새로운 시장을 탄생시킬 수 있겠다는 확신이 들었다. 2017년 브랜드 출시 이후 그녀의 가장 큰 도전은 X세대 여성 고객을 확보하는 것이었다. 그녀는 X세대 고객의 특성을 고려해 소셜미디어보다는 트렁크쇼, 이메일 마케팅 등의 소통 방식을 택했고, 목표했던 X세대에게 대면 혹은 서면을 통해 진심 어린 소통을 지속적으로 전달해 그들의 신뢰를 얻을 수 있었다.

이후 SNS로 활동을 확장하면서 젊은 층도 선호하는 브랜드가 된다. 고급 소재인데 가격은 합리적이고, 착화감은 좋으며, 무엇보다 스타일리시한 구두라는 콘셉트를 내세워 세대 구분 없이 통한다는 사실을 증명했다. 취향과 기능에 대한 요구는 나이와 함께 진화한다. 그녀는 진화된 니즈를 해석하면서 지나치게 편안함에 중점을 두고 스타일을 희생하는 제품들이 대부분인 시니어 시장에서 미개척의 기회를 발견한 것이다.

벨스&벡스는 '독특한 스타일, 착용 가능한 럭셔리함, 양질의 장인정신Distinctive style, Wearable luxury, Quality craftsmanship'을 표방한다. 기능만을 추구하는 브랜드에서 흔히 볼 수 있는 투박한 디자인은 없다. 대신 세련되고 여성스럽다. 이를 위해 그녀가 선택한 곳은 이탈리아다. 세계적인 럭셔리 브랜드 제품을 제작하는 공장에서 벨스&벡스 구두를 생산한다. 명품 브랜드 수준의 퀄리티를 100~400달러 수준에서 누릴 수 있는 것이다. 하루 종일 신을 수 있을 만큼 편안한데 스타일을 포기하지 않아도 된다면, 운동화나 단화가 아닌 또 다른 선택지가 있다면 중장년 여성들은 그 브랜드를 선택할 것이다. 그때야 자신이 부지불식간不知不識間에 포기했던 게 '스타일'이었다는 걸 깨달을 테니까 말이다.[2]

윌로우Willow는 2017년 론칭한 미국의 요실금 케어 브랜드다. 베이비붐 세대와 X세대를 겨냥한 D2CDirect to Consumer 브랜드로 여성 및 남성을 위한 일회용 요실금 속옷을 판매한다. 윌로우는 요실금을 겪는 사람들이 밖에서 요실금을 경험하고 싶지 않다는 이유로, 또는 처리하기 어렵다는 이유로 외출을 꺼린다는 데에 집중했다. 외출했을 때 불편함을 느끼지 않도록 흡수력을 높이고 누수 방지 기능과 악취 방지 기능을 강화했다. 그리고 편안한 착용감에 집중했다. 얇은 소재에 심리스 디자인을 적용해 평소와 다름없이 자유롭게 옷을 골라 입을 수 있게 만들었다. D2C로 판매해서 오프라인에서 판매하는 상품보다 가격도 저렴하고, 고객이 매장에서 느끼는 부끄러움이나 수치심도 없다. 정기구독으로 주문하면 집으로 배달해준다.

월로우 모델은 실제 타깃인 40~60대 남녀. 월로우의 타깃이 누구인지 그리고 월로우를 사용하면 무엇을 얻게 되는지를 편안한 시니어 모델의 모습으로 전달한다. 이를 통해 월로우는 시니어들이 포기했던 것, 즉 '외출'을 선사한다. 산을 좋아하는 시니어는 산으로, 쇼핑을 좋아하는 시니어는 쇼핑몰로, 공연을 좋아하는 시니어는 공연장으로, 그들이 자신의 개성대로 자유롭게 일상을 그려

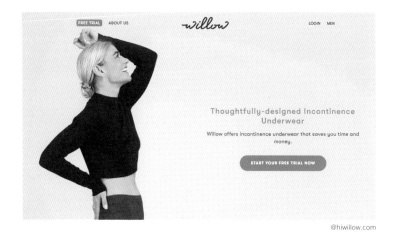

미국의 요실금 케어 브랜드 월로우는 실제 사용자인 4060세대를
모델로 내세워 요실금을 사용하는 시니어들이 가장 불편해했던,
외출에 초점을 맞춰 기능과 디자인을 업그레이드 했다.

가도록 하는 데에는 대단한 솔루션이 필요한 게 아니다. 젊었을 때처럼 부담 없이 문밖으로 나가게 도와주는 것만으로도 충분하다.

시니어 시장은 변화된 소비자의 니즈를 기업이 따라가지 못하는 걸음마 단계다. 처음부터 개성을 추구하는 시니어의 다양한 니즈를 충족시키기에는 아직 기업의 경험이 적다. 그러므로 시니어들이 나이 들어 잃게 된 선택지가 무엇인지 발견하고 이를 다시 되돌려주는 방식으로 접근하는 게 나을 수 있다. 선택의 폭이 젊었을 때만큼 넓어지는 것이야말로 개성을 추구하는 앞으로의 시니어들에게 가장 필요한 일이다.

백인백색 시니어를 위한
개인 맞춤 서비스

'개인 맞춤'은 제품·서비스의 미래다. 온라인에서는 이미 흔하다. OTT, 음악 스트리밍, 독서 앱 등 대부분의 디지털 콘텐츠 서비스가 사용자의 성향을 분석하여 좋아할 만한 콘텐츠를 추천해준다. 아마존, 쿠팡 같은 쇼핑 플랫폼도 마찬가지다. 오프라인에서도 개인 맞춤이 점차 현실화되고 있다. 내 피부색에 맞춰 즉석에서 제조되는 색조화장품, 내 체형을 3D로 스캔하여 정확하게 치수화하고 그에 맞는 속옷을 제안해주는 속옷 브랜드, 얼굴선을 측정하여 수면 시 피부의 압력을 줄이는 적정 높이로 제작되는 베개 등 기술이 발달하면서 맞춤의 수준이 진짜 '개인'에 도달하고 있다.

시니어 시장이 어려운 이유는 거대한 단일시장이 아니라 마이크로 시장의 집합체이기 때문이다. 하지만 우리가 개인 맞춤을 실현할 기술과 솔루션을 가지고 있다면 어떨까? 오히려 가장 유리한 시장이 아닐까? 다른 어느 세대보다 개성적인 시니어들에게 개인화만큼 만족스러운 솔루션은 없을 것이다.

10억 가지로 세분화되는 케어

시니어의 최대 공통 관심사는 건강이다. 일본의 건강&뷰티 전문기업 판클Fancl은 건강에 대한 니즈가 개인 및 상황별로 다양하게 세분화되는 현상에 주목했다. 50대 여성용 종합영양제, 60대 남성용 종합영양제 등 나이대별, 성별대로 필요한 영양제를 선별해 상품화했던 것에서 더 나아가 시니어를 위한 개인 맞춤 영양제 시장에 뛰어든다.

2020년 판클은 소변검사 및 45개 문항의 건강 설문을 통해 개인별 영양 상태에 맞게 영양제를 처방해주는 퍼스널 원Personal One을

@fancl-hk.com

20대부터 60대까지 남녀 성별로 나눠 필요한 영양제를 조합해
한 달분으로 묶은 판클의 상품이다.

출시했다. 주요 타깃은 50~60대다. 소변검사를 통해 비타민 A, B1, B2, C, D, DHA, 마그네슘, 철, 칼슘, 아연 등 기본 영양소 충족도를 분석하고, 비타민이나 미네랄 같은 기본영양제와 피로·수면·미용 등 특정 솔루션 보충제의 두 가지 유형을 조합하여 개인별 처방을 내리는데, 개별 영양제의 알약 수와 종류에 따라 처방의 조합은 10억 가지 이상이다. 처방 기간은 한 달 단위이고 가격은 4천 엔 정도다. 식사관리 앱과 연동해 고객이 식사기록을 꾸준히 하도록 유도해 데이터를 쌓는다. 음식, 영양제 섭취 상황을 지속적으로 추적하고 고객의 건강 상태를 점검해, 다음 달 영양제 구성에 반영한다. 맞춤 영양제는 한 달에 한 번 집으로 보내는데, 1회 분량으로 소분되어 있는 약 봉투에는 고객의 이름과 내용물 정보가 적혀 있다. 고객은 한 달에 한 번 오로지 자신만을 위해 구성된 영양제를 받게 된다.

맞춤 영양제의 이점은 여러 가지다. 개인의 상태에 꼭 맞는 영양을 보충함으로써 건강을 증진할 수 있고, 약물 상호작용으로 인한 부작용과 남용을 방지할 수 있다. 나이가 들수록 질병으로 처방받은 약뿐 아니라 질병을 예방하기 위해 스스로 구입하는 영양제도 많아지는데, 맞춤 영양 서비스는 하루에 수 개의 약을 복용해야하는 시니어들의 걱정과 불안을 줄여준다는 이점이 있다. 서비스가 고도화되면 실제 질병을 예방하는 효과도 기대할 수 있을 것이다. 더불어 DTC Direct-To-Consumer 유전자 검사가 상용화되면서 세계적으로 개인 맞춤 서비스 시장이 성장하고 있다.

미국의 여배우 앤젤리나 졸리는 유방절제 수술 후 그 경험담을

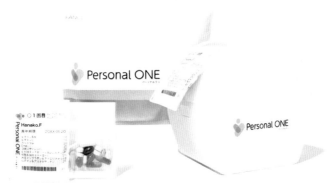

판클의 퍼스널 원 서비스는 개인 건강 상태에 맞게
1회분씩 소분된 한 달 분량의 약을 고객의 이름과 약 성분이 적힌 봉투에 넣어
한 달에 한 번 고객에게 배송해준다.

쓴 글을 미국의 대표 일간지 《뉴욕타임스》에 기고했다.[3] 이는 세계
적으로 큰 이슈가 되었는데, 수술 당시 그녀는 유방암 진단을 받지
않은 상태였기 때문이다. 앤젤리나 졸리는 유방암 유전자 BRCA
1/2 유전자 테스트를 통해 자신이 유방암에 걸릴 확률이 87%임을
알게 된 후 예방적으로 유발절제술을 선택했다. 이 사건은 DTC
유전자 검사를 알리는 기폭제가 되었다.

DTC 유전자 검사는 개인이 의사나 의료기관을 통하지 않고
직접 전문기관을 통해 받을 수 있는 검사를 말한다. 규제가 심하지
않은 국가를 중심으로 DTC를 이용한 개인 맞춤 서비스가 여러 분
야로 확산 중이다. 유전자 검사 결과로 개인의 타고난 생리적 조건

을 알게 되면 그에 맞게 식단, 영양제, 운동, 피부미용, 다이어트를 제안할 수 있다. 가령 카페인을 분해하는 효소 유전자 중 빠른 대사자fast-metabolizer 변이를 가진 사람들에게는 커피가 심장마비 위험을 낮추는 데 도움이 되지만, 반대로 느린 대사자slow-metabolizer 변이를 가진 사람들에게는 심장마비 위험을 높일 수 있다.[4] 국내에서는 풀무원건강생활의 '퍼팩', 허벌라이프의 '젠스타트'가 유전자 검사 기반 맞춤 영양제 서비스를, 쥬비스가 다이어트 솔루션 서비스를 선보이고 있다.

유전자 검사에 기반한 개인 맞춤 서비스는 성장 가능성이 매우 높은 시장이다. 이보다 정확한 개인화가 없기 때문이다. 검사 그 자체보다는 검사 결과를 가지고 어떤 솔루션을 줄 수 있는가가 차별화의 핵심이다. 유전자 검사 결과, 생활습관, 건강 상태에 따라 맞춤 영양제뿐 아니라 식단, 운동 프로그램을 제공하고 지속적으로 관리할 수 있다면, 100세 시대를 마지막까지 건강하게 누리고 싶은 시니어들에게 더 없이 매력적인 제안일 것이다.

행동경제학자 댄 애리얼리Dan Ariely에 따르면 소비자들이 맞춤형 제품을 선호하는 이유는 자신에게 꼭 맞는 제품을 구매할 수 있기 때문이라고 생각할 수 있으나, 더 중요한 이유는 선택의 과정에서 자신의 정체성을 표현하거나 발견할 수 있기 때문이라고 한다. 시니어를 위한 맞춤 서비스에서도 마찬가지다. 맞춘 '결과'만 제공하기보다 맞춰가는 '과정'을 세심하게 설계한다면 시니어가 더 큰 매력을 느낄 것이다. 유전자 검사 결과를 제공하는 방식, 시니어와 상담하며 솔루션을 만들어가는 과정, 솔루션 전과 후의 신체변화를 확인하는 방법 등 과정에 대한 설계를 통해 시니어가 자기 자신을 더 깊이 이해하고 새롭게 발견해가는 경험을 주는 것이 중요하다.

음식도 최첨단식일 수 있다면

바이오준Biozoon은 분자요리와 스무스 음식smooth food의 재료를 만드는 독일의 푸드테크 기업이다. 스무스 음식이란 재료를 갈은 다음 굳힌 젤리 형태의 음식을 일컫는 말로, 바이오준이 붙인 이름이다. 음식을 씹고 삼키기 어려운 연하 곤란dysphagia 환자들과 시니어를 위해 개발했다. 이들은 먹기 편한 죽이나 퓨레를 먹는데, 이 때문에 식욕이 저하되어 건강 상태가 더 나빠질 수 있다. 바이오준은 이를 방지하기 위해 퓨레처럼 삼키기 쉽고 소화도 잘 되지만, 형태는 본래 음식에 가깝도록 하는 방법을 개발했다.

가령 시니어를 위한 소시지 요리를 만드는 방법은 이렇다. 우선 소시지를 갈고, 거기에 바이오준이 개발한 텍스처라이저texturizer(음식의 모양을 잡아주는 역할로 텍스트린, 우뭇가사리 등으로 만든다)를 섞어준다. 그다음 3D 프린터에 넣어 인쇄하거나, 소시지 모양 틀에 넣고 기다린다. 모양이 잡히면 떼어내 오븐에 넣고 굽는다. 이렇게 만들어진 소시지는 진짜 소시지와 맛과 향, 모양이 거의 같지만, 씹을 필요 없이 부드럽게 삼킬 수 있다.

3D 프린터가 상용화되면 다양한 모양을 더 쉽고 실감 나게 만들 수 있겠지만, 지금은 바이오준에서 판매하는 거품기나 틀을 이용해서 모양을 잡을 수 있다. 소시지, 닭다리, 생선, 완두콩, 브로콜리, 호박 등 모양도 꽤 다양하다. 바이오준은 음식에 첨가할 수 있

@biozoon.de

바이오준이 만든 스무스 음식은 3D 프린트 기술로

맛과 향, 모양이 일반 음식과 거의 같지만, 씹을 필요 없이 부드럽게 삼킬 수 있어

이가 약하거나 소화가 어려운 시니어들에게 맞춤식이다.

는 단백질 파우더도 판매한다.

　바이오준이 지향하는 것은 시니어나 환자 등 영양결핍을 겪는 사람들을 위한 '맞춤식'이다. 3D 프린터를 이용해 맛, 영양, 모양을 개인이 원하는 대로 맞출 수 있고, 여기에 단백질이나 철분 등 특정 영양소가 부족한 시니어가 있다면, 필요한 영양분을 첨가하면 된다. 음식에 알레르기가 있거나 유당불내증이 있다면 문제 성분은 제외하면 된다. 바이오준의 CEO 마티아스 쿡Matthias Kuck은 한 인터뷰에서 "3D 프린터를 활용하면 영양소를 쉽게 첨가하고 뺄 수 있다"며 "곧 맞춤식이 밥상을 점령하게 될 것이다"라고 말했다.[5]

　바이오준은 시니어에게 실감 나는 한 끼를 선사한다. 죽이나 마시는 케어식품을 먹으며 느낄 좌절감 대신 먹는 즐거움을 되돌려준다. 기술이 할 수 있는 최상의 지점은 이런 것이다. 피할 수 없는 노화를 체념처럼 받아들이는 대신 기술의 힘으로 경험을 바꾸고, 부정적인 감정을 최소화해주는 것 말이다. 생존을 위한 식사만큼 슬픈 게 어디 있겠는가. 바이오준이 시니어에게 준 혜택은 건강이 아니라 먹는 즐거움이다.

나이를 긍정하는
시니어의 등장

퍼머넌트 에이지Permanent Age는 디테일을 살린 멋스러운 일상복을
제안하는 '어른들의 편집숍'이다. 유키오와 다카코 하야시 부부는
'나를 잃지 않고 일하고 싶다'는 마음으로 오랫동안 운영해온 패션
회사를 정리하고 작은 옷 가게를 차린다. 60세가 되면 진짜 은퇴하
기로 하고 시작했는데, 이미 70세를 넘겼다.

우리는 늙었지만 낡지는 않았다[6]

그들이 일을 대하는 방식은 젊을 때와는 확실히 다르다. 성공만을
바라는 것이 아니라 일과 놀이 사이에서 균형을 잡으려고 노력한
다. 취미 생활을 즐기고 새로운 언어를 배우기도 하고, 함께 여행도
자주 다닌다. 퍼머넌트 에이지의 원칙 중 '휴일에 되도록 외출하기'
와 '거절하지 않기'는 인상적이다. '사회적 노인'으로 살아가기 위

해 택한 이 원칙은 새로운 사람을 만나고 손주뻘 청년들과도 무리 없이 어울리는 비결이기도 하다. 그러나 그들이 말하는 행복한 노년을 만드는 가장 중요한 원칙은 '나이 드는 것을 순순히 받아들이기'라고 한다. 흰 머리, 검버섯과 주름을 멋을 위한 무기 3종 세트라고 여기며 자신을 더 멋지게 표현해줄 수 있는 패션 연출법을 찾는 것이다.

> "밝은 나 자신을 표현하고 또 근사한 인상을 주는 것은 옷의 연출법과 행동으로도 충분히 가능하다. 짙은 화장, 동안 만들기 등으로 나이를 거스르려 한다든지, 지나치게 많은 액세서리를 치렁치렁 걸친다든지 하는 것은 타인에겐 자칫 부담스럽게 다가갈 수 있다. 치장을 하면 안심이 될지 모르겠지만 약간 부자연스럽지 않을까. 그렇다고 '나이를 생각해서' 여성성을 포기하는 것도 아까운 일이다. 너무 화려하지 않게, 그러나 생기 있게 옷을 연출해 연령을 커버하고 싶다."
>
> – 하야시 유키오, 하야시 다카코의 책《근사하게 나이 들기(125쪽)》중에서[7]

하야시 부부와 그들의 브랜드 퍼머넌트 에이지는 요즘 시니어는 무엇이 다른지 명확하게 보여준다. 나이 듦을 받아들이고 나이 든 자기 모습을 있는 그대로 긍정하는 것 말이다. 그들 이전의 시니어도 나이 듦을 부정하지는 않았지만, 그때는 긍정이라기보다 '포기'에 가까웠다. 자신이 주인공이었던 연극이 끝나고, 이제 새로운 젊은 주인공을 빛내주는 조연이 된 것처럼 스스로 주연의 역할을

P.A.

퍼머넌트 에이지는 나이 듦을 부정하지 않는다.
시니어만이 가질 수 있는 매력을 더 멋지게
표현해줄 수 있는 일상복을 제안한다.

놓아버렸다. 그러나 52년생 유튜버 밀라논나의 말처럼 "살아 있는 한, 움직이는 한 누구나 다 현역이고 자기 인생의 주인공이다."

따라서 브랜드의 고민도 이들의 '자기 긍정' 특성에서 출발해야 한다. 이들에게는 젊어 보이는 솔루션이나 젊은이들이 좋아하는 브랜드가 아니라 그들 나이에서 더 매력 있게 보이는 솔루션과 브랜드가 필요하다. 시니어 나이에서만 가질 수 있는 매력을 찾아주는 브랜드라면 더할 나위 없을 것이다.

근사하게 나이 들기

2020년 《매일경제》는 급증하는 시니어 세대를 위한 새 시장을 열고, 그들의 노동 참여를 높여 경제의 새 성장동력으로 삼자는 취지로 빅데이터 분석기업 타파크로스와 함께 노년층에 대한 인식 변화를 분석했다. 분석에 따르면 2016년 시니어는 건강 유지와 감정적 단련을 위한 목적으로 운동을 했지만, 2019년에는 다른 사람들과 즐기면서 멋지고 아름다운 개성을 드러내기 위한 수단으로 운동을 했다. 또한 2016년 시니어의 외모 관련 검색어에서 메이크업은 7위였는데, 2019년에는 3위를 차지했다. 외모에 대한 시니어의 관심이 높아진 것이다.[8]

운동하는 시니어를 보면 근력을 유지하거나 골다공증을 예방하기 위해서라 추측하지만, 실제 시니어들은 자신의 행복과 멋지고 아름다운 외모를 위해 투자하고 있었다. 시니어를 타깃으로 한 건강, 운동 관련 상품들이 그동안 '질병 예방', '장수' 정도로 시니어의 니즈를 한정하고 있지는 않았는지 돌아볼 일이다. 시니어의 자기 긍정은 운동뿐 아니라 패션에 대한 관심으로도 나타난다.

2020년부터 4050세대 또는 5060세대를 위한 패션 플랫폼이 본격적으로 등장하기 시작했다. 그간 중장년 여성들은 백화점이나 홈쇼핑 채널을 통해 여성복을 구매하거나 유니클로나 자라 같은 모든 세대가 이용하는 브랜드를 구매했다. 젊은 세대를 겨냥한 패션 플랫폼은 스타일웨어, 무신사, 지그재그, 브랜디 등 다양한 반면 중장년 여성들의 채널은 한정적이었던 것이다. 거대한 패션 플랫폼이 없었던 만큼 한자리에서 접할 수 있는 브랜드도 다양하지 못했다.

이런 상황에서 2020년 퀸잇Queenit, 모라니크Moranique, 푸미Fumi 등의 플랫폼이 등장했고, 2021년 7월 지그재그Zigzag를 운영하는 카카오스타일은 4050 여성들을 타깃으로 한 온라인 패션 플랫폼 포스티Posty를 론칭했다. 무신사도 4050세대를 위한 여성 전용 플랫폼을 준비 중이다. 별도의 앱을 통해 서비스될 '4050 여성을 위한 무신사'는 그야말로 중장년 여성을 위한 온라인 패션 시장이 본격화되는 신호탄인 셈이다.

그중에서도 퀸잇은 큰 성장세를 보여주고 있다. 2021년 8월 기준 누적 다운로드 수 200만 명을 돌파하며 4050 여성 패션 플랫폼의 선두를 지키고 있다. 2등인 푸미와도 차이가 크다(10만 명).[9] 퀸잇은 30대 청년 둘이 만들었다. 창업자의 어머니가 코로나19로 백화점 쇼핑 대신 온라인 쇼핑을 시작했는데, 사용이 불편했던지 쇼핑몰 링크를 보내주며 구매를 부탁했다고 한다. 두 청년은 50대 여성들도 모바일 패션 쇼핑에 대한 니즈가 있다는 점, 동시에 그들이 편하게 쇼핑할 수 있는 플랫폼은 적다는 점에 주목했다. 청년들은 곧바로 앱 개발에 착수해 2~3주 만에 퀸잇을 출시한다. 그들의 노력은 섬세했다. 젊은 층에 맞춰진 UI/UX(사용자 환경/경험)나 결제 방식을 더 쉽고 편리하게 바꿨다. 가령 한 화면에 6개 이상의 상품을 보여주는 다른 앱과 달리 1개만 노출했고, 결제 창은 크게 디자인하고 터치도 최소화했다. 회원가입도 필요 없고 구매할 때 전화번호로 인증만 하면 된다. 상세 페이지도 실측 사이즈를 기재하기보다 55, 66사이즈 등으로 쉽게 표기했다.

2020년 9월에 론칭한 퀸잇은 2년 만에 누적 다운로드 400만 회를 기록하며 4050 패션 앱의 선두 주자가 되었다. 소프트뱅크벤처스, 카카오벤처스 등이 투자하면서 론칭 초기 5개에 불과했던 입점업체 수는 빠르게 증가해 2021년 8월 약 400개 브랜드로 늘어났다. 그러면서 다운로드 수가 매우 빠르게 증가했는데, 그들은

MZ세대를 위한 패션 플랫폼이 시장을 주도하던 시기에
퀸잇은 과감하게 4050 여성 고객을 타깃으로 시장에 나왔다.
출시 1년 만에 거래액 100억 원을 달성하며 급속도로 성장 중이다.

4050세대의 '입소문' 덕이라고 분석했다. 온라인 특히 모바일에서 옷을 사고 싶은 4050세대의 수요가 시장에 꽤 크게 존재했는데, 이를 해소할 만한 곳이 없었고, 그러다 보니 입소문을 통해 빠르게 퍼져나가 급성장할 수 있었다는 것이다. 해결되지 못한 수요의 크기가 성장의 속도를 결정했다.

4050 여성은 전통적으로 백화점 매출의 '큰손'으로 여겨졌는데, 왜 이들을 위한 모바일 플랫폼은 이제야 나온 걸까? '50대는 스마트폰을 잘 못 쓴다'는 고정관념 때문에 거대한 시장을 보지 못했던 것 아닐까. 마케터는 관념으로 사고하지 말고 숫자와 팩트로 접근해야 한다. 같은 터울이라도 15~19세 인구는 230만 명, 50~55세 인구는 460만 명이다. 인구수는 2배에 가깝고 소비 수준은 5배 높다. 무엇보다 그들도 다른 세대와 마찬가지로 패션에 대한 니즈가 있다. 우리의 고정관념이 나이를 긍정하는 4050 여성들의 니즈를 가렸다. "애 같은 옷 싫죠. 올드해 보이는 건 더 싫고"라

는 퀴잇의 광고 카피처럼 어리지도 늙지도 않은 지금의 자신을 표현하고자 하는 4050 여성들에게 필요한 것은 낯선 앱 환경에 진입하게 해주는 아주 작은 배려가 아니었을까. 그들도 우리처럼 금방 익숙해질 테니 말이다.

시니어에게도 롤모델은 필요하다

자신을 긍정하는 시니어, 운동과 패션을 통해 젊었을 때와는 다른 자기만의 매력을 만들고 싶은 시니어, 그들에게도 롤모델은 필요하다. 시니어도 나이 드는 것은 처음이기 때문이다. 그런데 그들의 윗세대에서는 롤모델을 찾기 어렵다. 이것이 시니어 모델, 시니어 패션 유튜버가 각광받는 이유다. 그들은 동년배말고도 MZ세대의 주목을 함께 받고 있어 모든 세대에 걸쳐 큰 인기를 모으고 있다.

'젊은 세대에게는 롤모델, 동 세대에는 선구자'가 되고 싶다는 '아저씨즈'는 '시니어계의 BTS'라 불린다. 틱톡에 젊은 감성의 스낵 콘텐츠(스낵처럼 짧은 시간에 가볍게 즐기는 것)를 올려 유명세를 탔다. 2020년 9월 첫 업로드된 아저씨즈의 '할배 신발 챌린지'의 조회 수는 16만 6천 회를 기록했다. 붉은색 등산복을 입은 아저씨가 손에 든 신발을 던지자 멋쟁이 아저씨로 변신하는 콘텐츠다. 아저씨즈가 에스컬레이터를 내려오며 포즈를 취하는 '팬 사인회 가는 길' 영상은 970만 회를 돌파했다. 50~60대 아저씨 8명으로 구성된 아저씨즈는 틱톡에서 33만 팔로워를 보유한 시니어 인플루언서 그룹이다. 8명은 각자 모델 활동을 하고 또 아저씨즈 이름으로 다양한 콘텐츠를 생산한다.

아저씨즈를 기획한 더뉴그레이는 시니어 인플루언서를 발굴하고 기획, 양성, 콘텐츠 제작까지 진행한다. 그들은 시니어 메이크오버 프로젝트를 통해 얻은 화제성을 바탕으로 활발한 브랜드 협업을 펼치고 있으며, 2022년에는 '더뉴그레이 클럽'을 통해 본격적으로 시니어 인플루언서 양성 사업을 시작했다. 더뉴그레이를 설립한 권정현 대표는 "왜 우리나라에는 닉 우스터 같은 인물이 없을까?"라는 질문에서 사업을 시작했다고 한다. 그는 "나이에 맞게 옷 입지 마세요"라고 말하며, 시니어도 트렌드 중심에 있다는 사실을 표현하고자 했다.[10] 특히 시니어 스스로 자신을 멋지게 가꾸고 표현할 줄 아는 시니어의 주체성에 주목하고, 시니어와 마케터 양측에 인식 변화를 요구한다. 마케터들에게는 시니어 시장에 접근할 때 웰다잉이나 돌봐야 하는 시니어가 아니라 주체로서의 시니어로 접근해야 한다고 말하고, 시니어에게는 취향과 감도를 가진 '섹시한 시니어'가 되어야 한다고 말한다. 더뉴그레이는 이를 위해 시니어가 어떻게 자신만의 취향을 이 시대에 맞추어 가꾸고, 자신만의 일을 하는 주체적 존재로 성장할 수 있는지, 그 방법을 함께 찾자고 제안한다.

8명의 아저씨즈 멤버들은 용접공, 대기업 임원, 목사, 화가, 자산상담가 등 대부분 패션과 관계없는 일을 하던 사람들이라 이들의 변화된 모습과 그들의 존재 자체가 큰 설득력을 갖는다. 멋진 중장년 연예인이 줄 수 없는 '현실 영향력'을 행사하며 살아 있는 한자기 인생의 주연으로 살아가고자 하는 새로운 시니어들에게 영감을 주고 있다.

젊음을 모방하지 않는
시니어만의 스타일

중국의 사진작가 친샤오^{Qin Xiao}는 2011년부터 거리 사진을 찍기 시작했다. 처음에는 젊은이들을 찍었지만, 점차 시니어의 패션에 매료되어 2017년부터는 본격적으로 그들의 패션을 기록했다. 몇 년에 걸쳐 사진 아카이브를 구축하면서 친샤오는 패션에 있어서 젊은 세대와 시니어 세대의 차이점을 알게 되었다고 한다. 젊은 사람들은 최신 유행을 좇지만, 시니어들은 패션 철학을 가지고 자신만의 독특한 매칭을 꾸준한 스타일로 보여준다는 사실이었다.

자연스러움이 트렌드의 최전선이 되다

친샤오는 트위터, 웨이보, 인스타그램 등에 '시니어 패션 클럽^{Senior} ^{Fashion Club}'이라는 계정을 만들어 시니어들의 사진을 올렸다. 사진 속 시니어들에게서는 삶의 여유로움과 함께 그들만의 아름다움이 느껴진다. 시니어의 삶은 지루하고 유행에 뒤떨어질 거라는 생각은 고정관념일 뿐이다. 그가 발견한 시니어들은 생기발랄하고 다채롭고 패션에 대한 자신만의 이해가 있다.

> "대부분의 시니어들은 격식을 차리지 않는다. 손에 잡히는 모든 옷을 입는데, 트렌드가 중요한 젊은 사람들은 차마 시도하지 못하는 과감함이다. 시니어들은 정해진 패러다임을 고수하기보다는 자신의 취향에 맞는 옷을 입기 때문에 역설적으로 트렌드의 최전선에 서 있다."

친샤오는 자신이 찍은 사진을 모아 집 근처 공원에서 전시회를 열고 시니어들을 초대하여 함께 작품을 감상했다. 이후 팔로워 수가 늘어나면서 여러 잡지 등 미디어의 주목을 받게 되었고, 점점 인기를 얻으며 중국 상하이에서만 4번의 전시회를 개최하고, 중국의 유명 패션브랜드 JNBY와 컬래버레이션하기도 했다. 패셔너블한 파자마를 입은 시니어들의 사진집을 출시해 "귀여운 노인들이 가득하다"는 평가를 받기도 했다.

그는 거리에서 사진을 찍기 전에는 거의 준비를 하지 않는다고 한다. 자신이 가장 좋아하는 도구인 스마트폰을 목에 걸고 있다가 눈길을 끄는 패션을 하고 있는 시니어를 보면 바로 포착한다. 시니어들의 패션을 기록하는 데 큰 목적이 있냐는 질문에 그는 "시니어 사진을 찍는 이유는 단지 그들이 아름답기 때문이지, 고령화 사회나 그런 추세를 반영하기 위함은 아니다"라고 말한다. 그에게 시니

@seniorfashionhub 인스타그램 계정

친샤오가 운영하는 인스타그램 계정에는 길거리에서 포착한

개성 넘치는 시니어들의 모습을 엿볼 수 있다.

어 사진은 사람들이 일상생활에서 무시할 수 있는 아름다움을 포착해 보여주는 일과 같다.[11]

시니어의 패션에 대해 우리가 떠올리는 것은 무엇일까? 막연하게 감각이 뒤처질 거라는 생각, 또는 젊은이들의 유행을 부자연스럽게 소화해내는 모습은 아니었을까. 현실 시니어는 그렇지 않다는 것을 친샤오는 어떤 연출도 없이 거리에서 찍은 진짜 시니어의 사진으로 말해준다.

시니어만의 에너지를 보여주다

여기 시니어를 향한 또 다른 시선이 있다. 패션 브랜드 막스마라 MaxMara는 2021년 가을, 창립 70주년을 기념해 '7 for 70 사진 프로젝트'를 기획한다. 19~83세의 여성 사진 작가 7명을 통해 막스마라가 지향하는 여성의 상을 렌즈에 담아낸다. 그중에서도 가장 화제를 낳은 것은 83세의 중국인 스포츠 사진 작가 난리 홍 Hong Nanli이 막스마라의 시그니처 코트를 입고 활기차게 뛰는 중국 여자 축구팀의 모습을 담은 사진이다. 촬영 장소는 푸른 잔디가 깔려 있는 축구장으로 기존 막스마라 브랜드 사진과 확연히 다른 분위기다.

시니어 여성 사진 작가와 여자 축구팀의 조합은 일하는 도시 여성의 이미지를 강조해온 막스마라에 화제성을 불러일으키기에 충분했다. 난리 홍은 축구팀 멤버들을 '균형 갖춘 여성들'이라 칭하며 이들이 코트를 입고 축구장을 누비는 역동적인 장면을 자연스럽게 끌어냈다. 그녀의 사진에 네티즌들은 열광적인 반응을 보였으며, 중국 소셜 미디어에서도 좋은 평가를 받았다. '#83-year-old-

83세의 스포츠 사진 작가가 찍은
막스마라 코트를 입고 코트를 누비는 여성 축구팀의 모습은
막스마라 창립 70주년 프로젝트에서 가장 큰 인상을 남겼다.

GrandmaDocumentedChineseSportsThroughHerLens' 태그가 웨이보Weibo의 핫 토픽 목록에 올라 3,680만 회 이상의 조회 수를 기록하기도 했다. '시니어의 힘'과 '여성의 힘' 두 가지를 동시에 보여준 인상적인 프로젝트로 평가된다.

　오랫동안 자신의 영역에서 고집스럽게 일해온 83세의 여성 사진 작가, 아름다움과 힘, 속도를 지닌 젊은 여성 축구팀의 만남은 많은 생각을 불러일으킨다. 현재를 살아가는 여성들의 모습은 젊음도 늙음도 상관없이 그 자체로 아름답고, 이들이 서로에게 건네는 에너지는 더없이 활기차다. 그 에너지를 시각화한 한 장의 사진이 가슴을 채우는 것은 너무나 당연하다. 젊음은 젊음대로, 시니어는 시니어대로 자기만이 뿜어낼 수 있는 멋과 개성에 더 집중하는 시대가 바로 지금이다.

시대정신이 된 에이지 포지티브

비현실적인 몸매와 피부색을 정해놓고 그에 못 미치는 자신의 현실에 좌절감을 느끼도록 하는 것을 거부하려는 움직임, 바디 포지티브body positive는 전 세계적으로 확산되어 현재를 설명해주는 하나의 시대정신으로 자리 잡았다. 타고난 체형과 이목구비를 긍정하는 시대정신은 이제 나이에 대한 긍정으로 이어지고 있다. "너희 젊음이 너희 노력으로 얻은 상이 아니듯, 내 늙음도 내 잘못으로 받은 벌이 아니다"라는 영화 〈은교〉의 대사처럼 나이에는 어떤 우위도 없다. 젊음은 더 이상 아름다움의 기준이 아니다. 나이 드는 모든 순간의 아름다움을 발견하고 만들어가는 것이 지금의 브랜드가 할 일이다.

2장

관계

관계의 사각지대를
이해하라

시니어를 둘러싼 관계에서 찾은
새로운 기회

AARP는 2019년 여행 트렌드 조사 결과를 발표했다. 약 13%의 조부모가 손주만을 데리고 떠나는 그램핑gramping을 해본 경험이 있었고, 79%의 시니어는 손주와의 여행을 기꺼이 계획할 것이며, 80%는 여행비용을 직접 부담하겠다고 말했다. 여유 있는 시니어와 8개의 지갑eight pocket(아이 하나를 위해 부모, 양가 조부모, 삼촌, 이모, 고모까지 지갑을 연다는 의미)을 가지고 태어난다는 알파 세대(밀레니얼이나 Z세대의 다음 세대)의 만남이다.

시니어와 알파가 묶이면 생기는 일

그램핑이란 단어를 들어본 적이 있는가? 스킵 제네레이션 여행skip generation trip은 어떤가? 그램핑이란 조부모와 손주가 함께하는 캠핑을 의미한다. 중간의 부모 세대가 스킵되는 여행이라고 하여 스킵 제네레이션 여행이라고도 한다. 조부모와 손주의 여행은 2020년 초 여행업계에서 주목을 받았다. 해외여행 전문 매체들은 그램핑이나 스킵 제네레이션 여행을 핫 트렌드로 소개했고, 온라인 여행 플랫폼 익스피디아에서 공개한 한국의 2020년 여행 트렌드 또한 '가족 여행의 재구성'이었다. 힐튼 호텔과 같은 글로벌 호텔 체인을 비롯해 크루즈, 리조트, 역사 공원, 캠핑 사이트 등 다양한 미국의 여행 관련 업체에서 그램핑 상품을 개발하거나 마케팅에 힘을 쏟았다. 아직 이 여행이 대세라고 보기는 어렵지만, 우리가 이 트렌드에 주목하는 것은 시니어와 손주라는 새로운 관계가 기존에 없었던 새로운 소비 경향을 보여주기 때문이다.

그램핑 트렌드가 나타난 이유는 스킵된 세대에도 있다. 바로 밀레니얼 세대나 Z세대 부모다. 그들은 가족과 자녀를 위한 희생을 운명이자 덕목으로 여겼던 그들의 부모 세대와는 다르다. 자기 삶을 일방적으로 희생하기보다 적절한 균형점을 찾으려 노력한다. 그래서 부모님과 아이들만 떠나는 여행을 기꺼이 환영하면서 부모를 모시고 아이를 챙기며 함께 가야 한다는 의무감은 내려놓는다. 이런 그들에게 그램핑과 같은 여행상품은 남아 있는 부담감까지 가볍게 만들어준다. 여행상품은 디테일이 중요하다. 체력이 부족한 조부모에게 적절한 휴식 시간을 보장해줄 키즈 프로그램이나 각종 편의시설은 필수다.

조부모와 손주의 만남은 다양한 콘텐츠를 만들어내기도 한다. 70년 평생을 일만 하며 살던 할머니가 병원에서 치매 위험 진단을 받게 되자 27세의 손녀는 다니던 회사를 그만두고 할머니와 단

둘이 호주로 떠났다. 할머니의 모습을 영상으로 담은 손녀는 혼자 보기 아깝다는 생각에 직접 편집하여 유튜브에 올렸다. 그 영상이 100만 뷰를 넘기면서 유튜브 채널 '코리아 그랜마^{Korea Grandma}'가 본격적으로 시작되었다. 2022년 9월 이 채널의 구독자 수는 127만 명을 기록했고, 그녀들의 유튜브는 구글 본사도 주목하는 한국의 대표적인 채널이 되었다. 이 이야기는 이제는 전 국민이 다 아는 박막례 할머니와 손녀 김유라 PD의 이야기다. 조부모와 손녀의 결합이 어떻게 이런 화학적 폭발을 일으킬 수 있었을까? 70여 년 조부모의 일생을 관통한 세월은 젊은 세대들에게는 감히 꾸며낼 수 없는 '진짜 이야기'가 담겨 있었고, 손녀는 조부모의 인생에서 특별함을 발견할 줄 아는 '혜안'을 가졌던 것이다. 이 둘의 만남이기에 가능한 일이었다.

일본의 87세 시니어 인플루언서 실버 테츠야^{SLVR. TETSUYA, シルバーテツヤ}는 젊은 층이 선호하는 브랜드 중 하나인 꼼 데 갸르송^{Comme des garson}을 입는 할아버지로 유명하다. 그가 손자 옷을 입고 우연히 찍은 사진이 트위터에서 대박이 나면서 스타가 되었다. 인스타그램에는 고가의 스트리트 캐주얼 브랜드를 입은 할아버지 사진과 함께 "테츠야 할아버지가 학교에서 선생님으로 재직하던 시절, 학생이 아무리 꼭꼭 숨더라도 신출귀몰하게 찾아내는 선생님으로 유명했다"와 같은 유머러스한 손자의 멘트가 흥미를 더한다. 베트멍^{Vetement} 탑에 지방시^{Givenchy} 스커트를 입고 오프화이트^{Off White}와 나이키가 컬래버레이션한 신발을 신은, 잘생기지도 않고 모델 체형도 아닌 약간 무표정한, 우리 주위에서 흔히 볼 수 있는 그는 손자

87세 실버 테츠야는 젊은 세대보다 더 힙한 패션으로

유명한 시니어 인플루언서가 되었다.

와 함께 책도 내고 사진도 전시한다. 우연히 올린 사진 한 장으로 전혀 생각하지 못했던 노년기를 보내고 있다.

이처럼 세대 조합은 재미있는 스토리를 만들어낸다. 할아버지와 할머니는 시간이 만들어낸 독특한 개성을 지닌다. 오랜 경험을 통해 만들어진 그들의 지혜와 너그러움, 자유분방한 태도는 손자 손녀 세대를 매료시킨다. 기댈 수 있고 조언을 구할 수 있는 진짜 어른의 모습이기 때문이다. 반면 부모 세대는 부모, 선생님, 직장 상사로 만나게 되므로 편하지 않다. 이 관계에는 의무가 따르고 형식적인 예의도 필요하다. 손주 세대는 부모 세대를 '꼰대'로 느끼기 쉽지만, 손주 세대가 보기에 조부모 세대는 나이는 더 많지만 권위적이지 않고, 세상을 보는 관점이나 사고도 더 자유롭다. 이런 이유로 조부모 세대와 손주 세대의 만남은 새로운 트렌드와 기회를 만들어낸다.

2018년 마케팅 대행사 맥캔McCann의 연구 보고서 〈나이에 대한 진실Truth about Age〉에는 흥미로운 발견이 있다. 많은 이들이 그린 노년의 유토피아 모습은 여러 세대가 함께 조화롭게 살고 서로 배우고 돕는 장면이었다. 반면 디스토피아는 젊은이와 시니어를 엄격하게 구분하는 곳이었다. 지금 우리는 디스토피아에서 유토피아로 가고 있는 게 아닐까. 여유롭고 문화적이며 소비지향적인 시니어와 레트로에 열광하는 MZ세대의 만남이 새로운 유토피아를 만들어가고 있다.

달라진 모녀 관계의 화학작용

2021년 8월 모델 이진이는 자신의 인스타그램에 '여름휴가'라는 제목으로 포스팅을 올렸다. 검은색 민소매와 바지 위에 하늘색 셔츠를 걸친 모습을 연출했는데, 이 스타일은 60대 배우이자 그녀의 어머니인 황신혜가 인스타그램에 올렸던 패션과 같은 스타일이었다. 나이보다는 스타일대로 옷을 입는 경향이 많아지면서 모녀가 옷장을 공유하는 모습은 더 이상 놀라운 일이 아니다. 젊은 감각을 추구하는 엄마는 딸과 자매처럼 보이기도 한다.

모녀 관계가 달라졌다. 달라진 쪽은 '엄마'다. 과거와는 달리 시니어가 된 엄마는 친구라 해도 어색하지 않을 정도로 딸과 문화적 간극이 적다. 그들은 말이 잘 통하고 같은 문화를 향유하며 유사한 취향을 갖는다. 친구 같은 모녀 관계는 소비에서 더 빛을 발한다. 서로의 옷장에 무엇이 들어 있는지, 좋아하는 스타일이 무엇인지, 신체적인 특징은 물론이고 지금 주머니 사정은 어떤지 등 이토록 속속들이 알고 있는 관계가 있을까. 딸은 엄마에게 새로운 정보와 자극을 제공하고, 엄마는 딸에게 세월로 검증된 노하우와 솔직한 조언, 편안함을 주면서 더없는 쇼핑 친구가 된다.

모녀여행도 흔해졌다. 인스타그램에서 '#모녀여행'을 검색하면 관련된 포스팅이 30만 건 가까이 나온다. 올라온 사진들을 보면 대부분 20대 딸이 50~60대의 엄마와 함께 찍은 사진이다. 핫플레이스 인증샷, 음식을 즐기는 모습, 커플로 맞춰 입고 찍은 사진 등 과거 모녀 관계에서는 볼 수 없었던 친구 같은 엄마의 모습은 젊은 세대들에게는 자랑하고 싶은 일상이다.

모녀 관계는 문화에도 영향을 끼치기 시작했다. 일본에서는 20년 전 유행했던 순정만화 《마멀레이드 보이》가 2018년 드라마화되었다. 20년 전 《마멀레이드 보이》를 만화로 보고 자랐던 엄마와 그녀의 딸이 드라마를 보며 함께 덕질하기 시작한 것이다. 실제로 아이돌 문화가 보편화되면서 모녀가 함께 덕질하는 경우도 늘어났다. 같은 연예인의 팬이 되지 않더라도 엄마의 문화생활을 물심양면으로 도와주는 딸들도 많다. 중장년층이 좋아하는 나훈아 콘서트의 실시간 예매는 자식들의 대리 티켓팅 전쟁터가 된다. 아이돌 팬과 뮤지컬 팬, 프로 스포츠 팬이라는 티켓팅 고수들이 한꺼번에 몰리기 때문이다.

여기서 더 나아가 요즘은 엄마와 딸이 함께 BTS의 팬이 되거나, 할아버지와 손주가 블랙핑크의 팬이 되는 세상이다. 모녀 관계에 대한 서적도 많은데, 가토 이쓰코가 쓴 《나는 나, 엄마는 엄마》

라는 책은 엄마와 딸의 관계를 사회심리학적 관점으로 풀어 이야기한다. 최근에는 TV 예능 프로그램에 연예인 모녀가 함께 나오는 경우도 많아졌다.

세계 최대의 명품 패션 브랜드 기업인 LVMH 그룹에 인수된 주얼리 브랜드 티파니는 인스타그램에 "당신 어머니의 티파니가 아니다NOT YOUR MOTHER'S TIFFANY"라는 태그라인이 적힌 포스터 동영상을 올렸다. 그리고 티파니 홈페이지를 비롯해 트위터, 페이스북 등에 이를 홍보했다. 이 슬로건은 1980년대 후반 미국의 자동차 제조사인 GM의 올즈모빌 브랜드에서 내건 슬로건인 "아버지 세대의 올즈모빌이 아니다This is not your father's Oldsmobile"를 패러디한 것으로, 젊은 세대를 대상으로 새롭게 태어난 티파니를 알리기 위한 광고였다. 그런데 왜 티파니는 젊은 세대를 위한 티파니여만 했을까? 이 광고를 본 MZ세대는 오히려 "우리 엄마를 가만히 놔두라Leave my mother alone"며 항의했다. 그들은 엄마의 주얼리를 물려받아 리폼해서 자신만의 것으로 만들어 착용하는 세대이기 때문이다.

이 광고는 새롭게 시작하는 티파니를 알리려는 의도였지만, "엄마의 티파니가 아니다"라는 메시지는 중년 여성들의 심기를 어지럽혔을 뿐 아니라 MZ세대까지 불편하게 했다. 티파니의 커뮤니케이션은 '영원한 사랑'이라는 티파니의 메시지에 공감해 결혼반지나 약혼반지를 구매했던 과거의 타깃과 그들의 자녀들이 왜 티파니를 좋아하는지 이해하지 못한 결과였다. 엄마와 함께 영화 〈티파니에서 아침을〉을 보며 로망을 키우는 것이 요즘 MZ세대다. 티파니가 변화된 모녀 관계를 이해하고 이 유대의 상징을 재해석했다

티파니의 "당신 어머니의 티파니가 아니다"라는 광고는

새롭게 시작하고자 했던 브랜드의 의도와 달리

티파니에서 결혼이나 약혼 반지를 구매했던 기존 고객뿐 아니라

타기팅하고자 했던 MZ세대, 즉 엄마과 함께 티파니의 로망을 키워왔던

기존 고객의 자녀에게도 실망만 안겨주었다.

면 결과는 달라지지 않았을까?

자극적인 캠페인으로 시선을 압도하는 것만이 중요한 것은 아니다. 시대정신과 변화된 흐름을 읽지 못하는 브랜드는 철저히 외면당할 뿐 아니라 변화하는 고객들과 점점 멀어지게 된다. 지금 시대 중심에는 손잡은 모녀가 있다.

1인 시니어의
일상을 파고들라

1인 시니어 가구의 증가는 거스를 수 없는 현실이다. 이혼, 사별, 졸혼, 비혼, 자녀의 독립 등 다양한 요인으로 1인 시니어가 증가하고 있다. 통계청에 따르면 2021년 기준 65세 이상 인구수는 약 850만 명에 달하고, 이들 중 1인 가구 비율은 20%로 약 167만 명에 이른다. 이런 추세라면 2047년에는 1인 시니어가 48.7%로 늘어날 것이다. 가까운 미래에 1인 가구 2명 중 1명은 시니어가 될 것이라는 말이다. 그런데 생활 형태가 바뀌면 소비도 달라진다. 3대가 함께 사는 대가족의 큰 어른으로서의 시니어 일상과 1~2인 가구의 시니어 일상은 다를 수밖에 없다. 배우자나 자식이 없는 1인 시니어들은 의식주를 모두 스스로 해결해야 하는 상황에 직면한다.

자유롭지만 외롭지 않게, 셰어하우스

영국에는 고독부 장관 Minister for Loneliness이 있다. 2018년 1월 영국은 고독을 국가가 나서서 대처해야 할 사회문제로 규정하고 적극적인 해결을 국가과제로 삼았다. 세계 최고의 고령화율을 기록한 일본 역시 2021년 2월 고독 담당 장관을 임명했다. 팬데믹이 고독 문제를 더 심화시켰다고 판단하고, 1인 가구가 늘어가는 상황에서 가족이나 이웃과의 유대를 만들어주는 역할을 국가가 나서서 한다. 이제 고립감은 개인적인 감정의 문제를 넘어 사회적, 경제적 손실의 문제가 되었다.

1인 가구의 외로움을 해결하기 위한 주거 형태로 '혼자들'이 함께 사는 셰어하우스가 있다. 셰어하우스는 개인적으로 생활할 수 있는 독립적인 공간에 혼자라는 고립감을 해소하고 다른 사람들과 최소한의 소통이 가능한 공간을 더한 형태다. 사실 셰어하우스는 건축에서 운영까지 고려할 것이 많은 복잡한 과제다. 그저 마음이 맞는 시니어들이 모여서 같이 살아보자 정도의 순수한 마음으로는 현실화하기 어렵다. 개념은 좋지만 성공 사례가 많지 않은 것도 그런 이유다.

셰어하우스를 처음 생각하고 활발한 주거모델로 현실화한 곳은 북유럽이다. 그중에서도 헬싱키 로푸키리 Loppukiri의 사례는 개인과 지자체의 효율적인 협업으로 성공한 사례다. 2000년 4명의 할머니가 "외롭지 않게 함께 모여 살아보자"라며 함께 살기 시작했다. 헬싱키 지방정부는 이들에게 공동 거주 공간을 만들 수 있도록 헬싱키 시유지를 임대하고 행정적 지원을 제공해 7층의 58채 독립 아파트와 공동시설을 설계한다. 1인 시니어 입장에서는 시니어들이 주도하는 공간이면서도 지자체의 행정적, 경제적 도움을 받을 수 있고, 지자체 입장에서는 시유지를 활용하면서 적은 예산지원만으로도 큰 효과를 얻을 수 있는 모델인 것이다. 로푸키리가 발표한 아파트 입주금은 2013년 기준 1제곱미터당 4천 유로(2022년 기준 약 543만 원)로, 만약 56제곱미터(약 17평)의 아파트에 입주하려면, 약 3억 원의 돈이 든다. 로푸키리는 핀란드의 히타스^{hitas} 시스템을 적용받는데, 이는 시가 소유한 토지에 지어진 시립 아파트를 말한다. 이 아파트는 최고가가 정해져 있어 매매 시 그 이상으로 거래할 수 없게 되어 있다.

로푸키리의 운영은 1인 시니어 각자의 장점과 주체성을 강조한다. 설계 과정부터 그들이 살 방의 구조, 마감 재료, 부엌 가구의 높이, 콘센트 위치까지 디테일하게 취향과 라이프스타일을 반영했다. 이곳의 규칙은 공동체 정신에 충실할 것, 자신의 강점을 활용해 공용 공간을 관리하며 식사할 것, 서로 도움을 주고받을 것, 자급자족할 것 등이다.

로푸키리의 블로그도 시니어들이 직접 운영한다. 핀란드어로 '마지막 전력 질주'라는 뜻의 로푸키리는 그 이름처럼 능동적이고 적극적인 시니어들의 건강함을 강조한다. "로푸키리에서 생활하고 있는 시니어들은 모든 일을 스스로 해내고 있다"고 말하는 주민들은 "이곳에 사는 것이 우리를 계속해서 움직이게 만든다"라고 말한다.[1] 시니어라고 해서 일방적으로 돌봄을 받는 것이 아니라 스스로 문제를 해결하려 노력하는 시니어상을 보여주고 있는 로푸키리는 두 번째, 세 번째 시설로 이어지고 있다.

대화를 대행합니다, 마음까지 청소합니다

우리보다 빠르게 고령화가 진행된 일본은 1인 시니어의 독거 치매가 큰 문제라고 한다. 지역별 포괄 지원센터가 고령자 상담과 지원 업무를 맡고 있으나 급증하는 수요를 감당하기에는 역부족이다. 그래서 1인 시니어를 위해 사회복지 역할의 일부를 담당하는 브랜드들이 생겨나고 있다. 이 브랜드들은 시니어에 대한 '일상적 관심'과 '대화' 서비스에 집중한다. 우리에게는 아직 익숙하지 않지만 외로운 1인 시니어들의 이야기를 들어주는 대화 서비스를 살펴보자.

먼저 1인 시니어 맞춤 전화 서비스 코코로미こころみ가 있다. 일본 내각부의 조사에 따르면 홀로 사는 시니어들 중 40%가 사람과의 대화를 2~3일에 한 번 한다. 사회적 교류가 매우 부족한 편이다. 게다가 일본은 우리보다 가족 간 친밀도가 낮아 안부 전화를 해도 꾸지람을 듣게 되거나, 형식적인 인사만 나누며 어색한 대화가 되어 오히려 관계를 악화시키는 경우가 적지 않다고 한다. 이에 코코로미는 1인 시니어에게 전화 통화로 일상 대화 및 고민 상담을 하며, 건강 상태를 확인해 가족들에게 리포트로 제출하는 서비스를 하고 있다. 이 서비스를 신청하면 코코로미는 통화 대상인 시니어의 정보와 관심사 리스트를 요청한다. 그리고 이를 토대로 첫 번째 통화에서는 담당 커뮤니케이터와의 신뢰 관계를 쌓는 대화가 진행된다. 이후 주 1회 통화를 통해 담당자와 자유로운 대화를 한다.

시니어 대화 서비스 코코로미는 1인 시니어에게 전화 통화로
고민이나 건강 상태를 확인해 시니어의 가족에게
리포트로 제출하는 서비스를 하고 있다.

통화의 내용은 다양한데, 일상적인 안부부터 가족에게도 하기
힘든 생활비 고민이나 질병, 부상 상태 등도 포함된다. 예를 들어
감기에 걸렸는데 가족이 걱정할 것 같아 전화하지 않았다, 손녀에
게 안 와도 된다고 했는데 매일 기다린다, 혼자 사는 이웃에게 식사
하자고 했다, 딸 모르게 요가를 5년째 하고 있다는 등 친구와 이야
기하듯 소소한 이야기를 나눈다. 10분의 통화지만 충실하게 대화
한다. 현재는 B2B에 집중하느라 일시 중단하긴 했지만, 이 서비스
의 입회금은 코코로미 홈페이지 기준 월 1만 엔이며, 월 이용 방식
에는 두 가지 옵션이 있다. 주 1회 통화하고 가족에게 보고서를 이
메일로 보내는 라이프 리포트 플랜은 8,800엔, 주 1회 통화하고 짧
게 보고서를 보내는 간이 라이프 리포트 플랜은 5,400엔이다.

해당 서비스는 주로 홀로 지내는 시니어를 걱정하는 자식들이
신청하는데, 이용 규모가 수백만 명에 이른다. 이들은 매번 같은 번

호, 같은 상담사가 응대하며, 서로 이뤄지는 교류에 대해 높은 만족감을 나타냈다. 한국 정서로는 선뜻 이해하기 어려운 서비스지만 1인 시니어에게 '말'로 소통한다는 것이 얼마나 중요한지 알고, 이를 서비스로 만들었다는 점에서 주목할 만하다.

그런가 하면 대화를 기반으로 하면서 1인 시니어의 가사를 돕는 서비스도 등장했다. 일본의 젊은 청년들로 구성된 고요키키御用聞き는 가사 대행 서비스다. 홀로 사는 시니어들의 청소, 물건 정리 및 사소한 일거리 등을 대행한다. 전구나 배터리 갈아 끼우기, 수신인 이름 쓰기, 우편물 회수하기, 병뚜껑 따기, 정수기 물통 교체하기, 일상적 청소 등 간단한 가사 대행은 5분당 100엔, 가구를 이동하거나 대형 쓰레기를 버리는 서비스, 풀을 깎는 서비스 등은 5분당 300엔, 대청소나 목욕탕 청소, 화장실 청소, 주방 청소, PC 지원 서비스 등의 편의 서비스는 30분당 2천 엔이다. 서비스에 따라 가격은 차이가 있지만, 대체적으로 저렴한 편이다.

고요키키가 단순한 대행 서비스와 다른 점은 감성적 교감도 제공한다는 것이다. 이들 서비스의 핵심은 '대화'다. 이들은 청소하면서 물건을 함부로 버리지 않는다. 쓰레기로 생각되는 물건이라도 시니어에게 추억의 물건인 경우가 많기 때문이다. 그래서 처음 30분 동안은 청소하지 않고 시니어와 대화를 나누며 그들의 이야기에 귀 기울인다. 이때 발생하는 추가 시간은 비용에 책정되지 않는다. 그리고 버려지는 물건을 매정하게 '처분'이라 표현하지 않고, '졸업'이라는 감성적인 단어를 사용해 시니어들이 마음까지 정리할 수 있도록 돕는다. 사업을 처음 시작하고 6년 동안은 적자를 봤

가사 대행 서비스 고요키키는 단순히 집을 청소하는 것이 아니라

시니어와 대화를 통해 그들의 이야기에 귀 기울이며 감성적 교감을 제공한다.

지만, 현재 연 16%의 성장률을 보이며 꾸준히 성장 중이다.

담장 없는 양로원이 될 수 있다면

인구수가 많은 만큼 시니어 인구 비중도 빠르게 상승하고 있는 중국은 1인 시니어들이 모바일과 디지털 플랫폼 활용에 적극적이다. 중국의 인터넷 사용자 중 10% 가까운 비중이 60세 이상의 고령자다. 이들은 모바일 결제 서비스, 내비게이션 서비스, 모바일 택시 호출 서비스를 자유롭게 사용하고 있는 것으로 나타났다. 중국의 인터넷발전현황통계보고에 따르면 노년 인구의 60% 이상이 모바일 애플리케이션을 통해 상품과 서비스를 소비하고 있는 것으로 조사되었다.

시니어를 위한 헬스케어 서비스들도 IT를 적극적으로 활용한다. 중국 정부에서는 경제 계획에 스마트 노인 안심 서비스를 주요 추진 과제로 제시한 바 있다. 실제로 고령화가 빠르게 진행되고 있는 상하이는 장쑤 거리 주택가에 사는 1인 시니어가 집 안에서 움직임이 없거나 수도를 장기간 사용하지 않으면 센서에서 신호를 보내고, 신호를 받으면 사람이 직접 방문해 시니어의 안전 여부를 살피는 관리 시스템을 구축한 사례도 있다. 더불어 재택 양로 간호 서비스도 빠르게 확산되고 있다. 2019년 초 중국위생건강위원회는 '인터넷＋간호 서비스 시범 운영 통지와 방안'을 발표했으며, 같은 해 베이징, 톈진, 상하이, 장쑤성 등에서 시범 운영을 실시했다.[2]

대표적인 재택 양로 간호 서비스업체인 이후다오자医护到家는 전문 의료 종사자들이 직접 시니어를 방문해 간호, 케어, 진찰 및 건강관리 등의 서비스를 제공한다. 스마트폰 활용에 거부감이 없는 시니어들은 온라인을 통해 직접 예약해 방문 간호 서비스를 받는다. 현재 이후다오자는 산후조리, 신생아 간호 등 비대면 간호사 방문 서비스로 확장 중이다. 시니어 간호를 포함한 약 30여 가지 간호 서비스를 6만 명 이상의 간호사가 중국 전역 31개 성, 330개 도시를 아우르며 종합적이고 전문적인 의료 서비스를 제공한다. 시간, 장소, 종류, 간호사까지 선택할 수 있다는 점이 이들이 내세우는 강점이다. 현재 전국 요양원 설립, 스마트 사물 인터넷 구축, 노인 요양 및 재활 등 새로운 비즈니스 영역으로 사업을 확장 중이며, 이들과 유사한 서비스 브랜드들도 꾸준히 늘고 있다.[3]

디지털과 친근한 중국 시니어들은 이후다오자 앱을 통해
직접 재택 간호 서비스를 예약하기도 한다.

@이후다오자 앱

시니어를 위한 종합 서비스를 구축하는 기업도 있다. 항저우아
이쉰杭州爱讯科技有限公司은 종합 양로 솔루션 기업으로 양로 산업 정보
화 관련 연구 및 시스템을 구축하고 있다. 항저우아이쉰이 개발한
이양퉁颐养通 스마트 양로 플랫폼은 모바일 앱과 웨어러블 스마트
팔찌, 넘어짐 경보 기능 등 각종 스마트 하드웨어 제품을 통해 서비
스 핫라인을 구축하여, 병원, 가사도우미 센터, 긴급 구조 신청, 생
활 돌봄 서비스 등 간편하고 전문적인 양로 서비스 자원을 통합 제
공하며 '담장 없는 양로원'이라 평가받는다. 전통 관습과 가치관의
영향으로 양로 시설보다 재택 양호를 선호하는 중국의 시니어들에
게 1인 시니어를 위한 스마트 양로 플랫폼은 필수적인 시스템이다.
더구나 중국에서 2020년 기준 월 소득 4,001~1만 위안 수준의 중
등 소득 시니어는 1억 명 이상이며, 1만 위안 이상의 고소득 시니
어는 1,900만 명 규모다.[4]

따라서 중국의 시니어 스마트 케어 산업의 시장 확대는 당연한

것으로 보고 있다. 이렇듯 향후 중국은 시니어를 위한 사물 인터넷, 클라우드 컴퓨팅, 빅데이터 기술을 적극적으로 활용하며 시니어를 위한 포괄적인 맞춤형 서비스 체계를 구축해나갈 것이다.

만약 1인 시니어를 가장 취약한 시니어 집단으로만 해석하고 접근한다면 브랜드가 할 일은 '일방적인 돌봄의 범주'에서 크게 벗어나지 못할 것이다. 앞으로의 시니어는 수동적인 돌봄 속에 긴 노년을 보내려는 시니어보다 (건강만 허락한다면) 독립적인 생활을 원할 것이다. 보건복지부에 따르면 실제로 자식과 함께 살고 싶다고 답한 시니어의 비율은 2014년 이후 지속적으로 감소해 2020년 기준 12.8%만이 자녀와의 동거를 원한다고 답했다. 시니어 시장을 준비하는 브랜드라면 1인 시니어들이 온전한 독립성을 실현하기 위해서 브랜드가 무엇을 할 수 있는지를 고민하는 것이 더 현명하다.

상대방을 정말로 이해하고 싶으면, 때로 그가 고민하는 것이 무엇인지를 아는 것이 단초가 될 수 있다. 1인 시니어들이 직면하게 되는 사소하지만 '진짜' 고민을 어떻게 포착할 수 있을까? 시니어 시장에 뛰어들려는 마케터에게 필요한 답은 어쩌면 너무 사소해 고민인지도 몰랐던 일상의 작은 지점들에 있을지도 모른다.

오래가는
시니어 커뮤니티의 조건

2020년 미국에 코로나19 봉쇄령이 내려졌을 때 많은 시니어들은 병원 처방전을 받고 식료품점에 가는 일 등과 같은 간단한 일도 하기 힘들어했다. 이에 AARP는 도움이 필요한 시니어들과 전국의 자원봉사자들을 연결하기 위해 팬데믹 선언 며칠 만에 커뮤니티 커넥션즈Community Connections라는 플랫폼을 개발해 출시한다. 그리고 5일 후 스페인어 사이트도 오픈한다. AARP의 CEO 조 앤 젱킨스 Jo Ann Jenkins는 한 인터뷰에서 "우리는 50세 이상의 사람들이 길고 만족스러운 삶을 사는 데 필요한 것을 제공할 수 있도록 노력한다"라고 했다.[5] 시니어를 위한 모든 일을 하는 AARP는 어떻게 시니어를 위한 커뮤니티를 만들고 있을까?

시니어 파워를 만드는 유료 회원의 힘

코로나19를 겪으면서 국내뿐 아니라 해외에서도 시니어들의 비대면 커뮤니티가 활성화되었다. 그중 손꼽히는 곳이 AARP 온라인 커뮤니티다. AARP는 막강한 정보력과 회원 수를 바탕으로 건강, 엔터테인먼트, 돈, 집, 가족, 자원봉사 등의 다양한 항목에 대한 자체 온라인 포럼을 운영하고 있다. 포럼에는 운영자가 존재하며, 정해진 주제에 맞춰 자유롭게 이야기를 나눌 수 있다. 퍼즐이나 솔리테어solitaire(혼자 하는 카드놀이) 같은 웹게임도 즐길 수 있으며, 활동이 활발하고 다른 회원들에게 도움이 되는 참여자는 ACE 배지를 제공하여 참여를 독려한다.[6]

유료 회원에게 매달 전달되는 《AARP 더 매거진AARP The Magazine》과 시니어 관련 정책과 이슈를 분석하는 회보인 《AARP 불렛틴AARP Bulletin》도 시니어를 하나의 공동체로 만드는 좋은 매체 역할을 한다. 미국에서 인쇄 및 디지털 부문 월간 오디언스 1위에 해당하는 이들 잡지 중 《AARP 더 매거진》에는 각 지역의 뉴스와 건강, 재정, 의료, 문화 등에 대한 다양한 정보가 담겨 있다.[7] 물론 하이라이트는 유명인 인터뷰. 시니어 유명 인사와의 심도 깊은 인터뷰를 통해 잡지는 50세 이상 시니어들에게 비전을 제시하고 인식을 확장하는 역할을 한다. 《AARP 불렛틴》은 대선, 입법, 개정 등의 주요 이슈와 사회문제를 다루며 그것들이 시니어에게 어떤 영향을 미치는지 구체적이고 전문적으로 분석해 미국 선거인구의 20%를 차지하는 50+세대를 움직이고 있다. 1년에 16달러의 적은 비용으로 운영되지만, 4천만 명에 가까운 유료 회원 파워로 세상을

Connecting People to People

AARP는 시니어 온라인 커뮤니티로 막강한 정보력과 회원 수를 바탕으로 건강, 엔터테인먼트, 돈, 집, 가족, 자원봉사 등의 다양한 항목에 대한 자체 온라인 포럼을 운영하며 시니어들의 참여를 이끌고 있다.

움직이며 시니어 삶의 기반이 될 만한 정보와 혜택을 만들어내고, 그들의 삶의 중심에 서 있다.

비대면으로, 그러나 익숙하게 연결하기

라디오 리클라이너Radio Recliner는 말 그대로 라디오 안락의자다. 팬데믹으로 가족과 친구들의 왕래가 끊긴 미국 테네시주 중부의 브릿지 시니어 리빙Bridge Senior Living 요양원에 거주하는 시니어들을 위해 같은 입장에 있는 은퇴한 시니어 DJ가 라디오 방송을 시작했다(그는 다른 생활 보조 시설에 거주하고 있었다). 약간은 느린 톤에 익숙한 또래의 목소리가 들리는 라디오에서는 젊은 시절 듣던 컨트리 음악이나 올드 팝들이 나온다. 음악만 들을 수 있는 것은 아니다. 라디오에 신청곡과 함께 사연을 보내 시니어와 그들의 가족과 친구들이 서로의 소식을 전해 듣는다. 그야말로 시니어에게 익숙한 소셜 미디어인 라디오 방송이 다시 살아난 것이다. 시간이나 공간, 디지털 기술의 장벽 없이 원하는 시간에 쉽게 들을 수 있는 자유로운 방식으로 말이다.

이 기획을 실현한 럭키Luckie는 미국 애틀랜타와 버밍엄에 기반을 둔 마케팅&커뮤니케이션 회사다. 그들의 고객은 브릿지 시니어 리빙과 같은 시니어 전용 주거시설을 14개 주에서 20개 이상 운영하고 있었는데, 코로나19 바이러스가 확산하자 문제가 생기기 시작했다. 질병의 잠재적 위험은 시니어들을 사회로부터 격리시켰다. 문제는 바이러스로 인한 질병만큼 심각한 것이 있었는데, 바로 고립과 사회적 단절이다. 시설 운영자들은 시니어들의 사회적 웰빙을 위해 아이디어를 내야 했고, 그것이 온라인 라디오 쇼였다.

온라인 라디오 녹음은 DJ로 변신한 은퇴자들이 쉬는 안락의자와 식탁에서 휴대폰으로 이뤄졌다. DJ들은 쉬는 동안 자신들의 소개와 더불어 신청곡과 사연을 함께 녹음했다. 청취자들은 가족이나 친구에게 보내는 노래를 신청할 수 있는데, 새로운 신청곡과 사연이 담긴 방송은 평일 정오에 방송되며, 그 후에는 이전 방송이 차례로 재생된다. 원래 테네시에서 시작된 라디오는 곧 조지아, 앨라배마 등 다른 지역으로도 확산되었다. 이 라디오에 관심이 있었던 것은 시니어만은 아니었다. 시니어의 소식이 궁금하고 그들에게 사랑을 전하고 싶은 가족과 친구들로부터 문자 메시지와 이메일이 쏟아졌다.[8]

한 매체 인터뷰에서 럭키의 최고 크리에이티브 책임자인 미치

MEET OUR LATEST RESIDENT DJs

**DJ HATTIE WITH
A HATTITUDE**
Resident at Summer Village

"I do love hats, but I also
have attitude."

DJ THE BUCKEYE
Resident at Somerby Franklin

"I try to make everybody
laugh because to grow old
is mandatory but to grow up
is optional."

DJ BOOMSKI
Resident at Somerby Lake Nona

"As far as music goes, our
whole lives have songs that
bring back memories of a
chapter in our lives."

SEE ALL DJs

@radiorecliner.com

라디오 리클라이너는 요양원에서 지내는 시니어를 위한
라디오 방송으로 은퇴자들이 DJ로 변신해 신청곡과 함께
시니어에게 안부를 전하고 싶은 가족과 친구로부터 온 사연을 소개한다.

베닛 Mitch Bennett 은 "이 라디오는 고립된 시니어들에게 공동체 의식을 제공하는 아이디어다"라고 말했다. 그는 시니어에게 라디오는 원래 소셜 미디어였다고 설명한다.[9] 라디오를 들어본 세대는 알 것이다. 라디오는 느리지만 분명한 소셜 미디어다. 자신이 아끼고 사랑하는 사람들에게 노래를 헌정하고, 그 노래를 DJ가 사연과 함께 소개해주면 나만의 이야기는 우리의 이야기가 된다. 그리고 다른 사람들과 함께 듣는 신청곡의 경험은 특별한 감정적 연결과 공감

을 제공한다. 그래서 SNS가 발달한 지금도 라디오가 여전히 힘을 발휘하는 것이다.

엔데믹 이야기가 나오는 2022년에도 라디오 리클라이너 방송은 여전히 시니어들의 사랑방이 되고 있다. 다시 가족과 친구들을 만날 수 있어도 라디오는 라디오다. 라디오 리클라이너 사례는 시니어 커뮤니티가 갖춰야 할 조건을 하나 알려준다. 바로 요즘의 기술이 만들어내는 편리함과 그들에게 이미 익숙한 요소의 결합이다. 익숙한 추억 속 경험은 당시 감정을 다시 살려낸다. 이는 그들의 자발적인 참여와 연결을 만들어낸다. 혁신은 엄청난 자본이나 기술력만으로 이뤄지는 것은 아니다. 때로는 시니어의 일상에 대한 관심이 혁신을 만들어낸다.

믹스테이프와 플레이리스트를 모두 경험한 X세대의 커뮤니티

행크Hank는 55세 이상을 위한 커뮤니티 플랫폼이다. 이들은 2022년 6월 제너럴 카탈리스트General Catalyst, 리졸루트 벤처스Resolute Ventures가 이끄는 시드 펀딩으로 700만 달러를 모금하는 데 성공했다.[10] 이미 흔해진 커뮤니티 플랫폼 중에서 이들이 주목받은 이유는 무엇일까?

뉴욕 기반의 이 플랫폼은 55세 이상을 타깃으로 한다. 이에 대해 의문을 제기하는 사람들도 있을 것이다. '페이스북이나 밋업Meetup을 사용하면 된다'고 하거나, '기존 시니어들을 위한 지역 커뮤니티를 알아보면 되지 않을까'라고 생각할 것이다. 그러나 행크를 공동 창업한 브라이언 박Brian Park은 55세 이상의 성인들이 실제

55세 이상을 위한 커뮤니티 플랫폼 행크는 시니어들이
모임이나 활동을 찾기 어려운 현실에 주목해 만들어졌다.

로 원하는 사교 모임이나 활동을 막상 찾으려고 하면 어렵다는 현
실에 주목했다. 그리고 플랫폼은 더 드물다는 것을 깨달았다. 20대
를 위한 커뮤니티나 앱은 55세 이상의 사람들은 그 존재를 인지하
지 못하며, 기존 시니어들을 위한 커뮤니티나 플랫폼은 실제 그들
의 모습과 괴리가 있다.

왜 그럴까? 우리나라의 현실에서 생각해보면 쉽게 알 수 있다.
지금의 55세 이상의 성인들은 MS DOS를 처음부터 사용해본 세
대이며, 플레이스테이션을 처음 버전부터 최신 버전까지 사용해본
세대다. 아이폰이 처음 발명될 때부터 지금까지 30가지 이상의 버
전을 경험한 세대이기도 하다. 그들은 지금의 10대들보다 PC 조작
에 능숙하고, 기술에 대해 거부감이 없는 세대일 수밖에 없다. 그러
니 여유 시간을 보내기 위해 양로원에서 장기를 두거나, 시니어들
을 위한 라인댄스(줄 지어 추는 춤)를 추지는 않을 것이다. 행크의 창

업자들은 이를 기술 개발자들이 가지고 있는 세대에 대한 왜곡된 인식이라고 말했으나 사실 이 고정관념은 우리 모두가 가지고 있는 잘못된 인식이다.

우리는 X세대가 시니어로 접어들고 있음을 인식해야 한다. 그리고 그들이 첨단 기술에 능숙하고 쉽게 적응한다는 사실을 받아들여야 한다. 행크의 창업자들은 55세 이상의 성인들이 어디에도 없는, 자신들에게 맞는 여가를 보내기 위해 연간 1,200억 달러를 지불하고 있다는 것을 알게 되었다.[11] 그래서 믹스테이프와 스포티파이, 유튜브 플레이리스트를 모두 경험한 그들을 위한 커뮤니티 플랫폼을 론칭한 것이다.

행크에는 커피 모임과 같은 수다 모임부터 피클 볼 게임, 마작, 미술 워크숍, 스카이다이빙과 같은 활동들이 포함된다. 회원들은 행크가 후원하는 이벤트를 만날 수 있으며, 회원들이 직접 이벤트를 개최할 수도 있다. 무료 멤버십으로 가입할 수 있으며, 행크믹서 Hank Mixer와 같은 비회원을 위한 이벤트에 무료로 참가할 수도 있다. 모임은 온/오프라인 양쪽으로 모두 이뤄지며, 같은 취향을 가진 다양한 연령대의 사람들과 진정한 커뮤니티를 경험할 수 있는 것이 장점이다. 향후 뉴욕의 55세 이상을 위한 스포츠클럽과 같이 이미 존재하는 조직과의 파트너십과 공동마케팅을 확대하여 고객 취향을 기반으로 하는 유기적인 채널로 키워나갈 예정이다.

행크는 커뮤니티 플랫폼을 론칭하며, "Generation You"라는 캠페인을 시작했는데, 이를 통해 편견이 아닌 실제 55세 이상의 라이프스타일을 가감 없이 보여준다. 행크의 창업자들은 80년대 음악을 실제로 즐긴 55세 이상의 사람들을 특별하게 생각한다. 그들은 디지털 기술을 활용하여 온라인에서 자신이 필요한 연결과 취향을 찾고, 그것을 오프라인 만남과 우정으로 연결할 수 있는 사람이다. 아날로그와 디지털 세상을 모두 경험한 첫 번째 시니어인 이 새로운 시니어 세대가 가진 가능성을 우리는 탐구할 필요가 있다.

3장

취향

욕망을 욕망하는
시니어를 발견하라

선택의 주체가 된
시니어

나이에 대한 고정관념이 깨지고 있는 시대, 사람들은 자신의 라이프 스테이지를 자기 기준대로 꾸려나가기 시작했다. 30대에 입지, 40대에 불혹, 50대에 지천명은 옛말이다. 우리는 자기가 원하는 때에 원하는 뜻을 펼치며 언제든 자신의 욕망을 따른다.

오랫동안 여성, 특히 40대 여성 주부는 거의 모든 광고의 타깃이었다. 자신을 위한 제품은 물론이고, 온 가족이 살 아파트와 집안의 가전·가구, 부모님 영양제, 남편 옷, 아이들 학습지와 간식 등 대부분의 제품 구매를 여성이 결정했기 때문이다. 한 마디로 쓸 사람과 살 사람이 달랐다. 광고는 살 사람을 향한 것이므로 여성은 광고의 주요 화자이자 청자였다.

그러나 4인 가족 시대가 막을 내리고 라이프스타일이 다양해지면서 여성이 타인의 욕망과 소비를 대리하는 일이 줄었다. 남성은 독립했고 아이들은 용돈을 받아 스스로 소비하기 시작했다. 이제는 쓸 사람이 산다. 시니어도 그렇다. 자신을 위해 소비하는 시니어, 소비할 여력은 물론 안목까지 갖춘 시니어가 늘고 있다. 자신의 욕망을 위해 스스로 소비하는 시니어가 등장한 지금, 브랜드의 대화법도 변해야 하지 않을까.

시니어에게 스포트라이트를

밤 12시, 누군가 컴퓨터로 티켓팅에 성공하고 나이스를 외친다. 마우스를 누르는 손은 주름지다. 곧이어 신이 난 4명의 여성 시니어가 등장하고 자동차에 올라 어딘가로 떠난다. 도심을 질주하는 자동차의 모습 위로 "'시니어 문화생활, 20대 추월' 60세 이상 문화 예술 관람률 76.4%"라는 자막이 떠오른다.

현대자동차는 2020년 올뉴아반떼를 출시하며 "세상, 달라졌다"라는 카피를 걸고 4편의 광고를 선보였다. 앞서 그린 '제2의 청춘카'를 비롯해 '루키들의 인생 첫차', '5인 가족 패밀리카(부모, 자녀 1명 그리고 반려동물 두 마리)', '우리 집 세컨드카'로 구성된다. 그중 가장 눈에 띄는 것은 '제2의 청춘카' 편으로, 실제 4편의 시리즈 광고 중 유튜브 동영상 조회 수가 월등히 높다. 현대자동차는 이 광고를 통해 네 가지의 새로운 라이프스타일을 보여주며, 새로운 아반떼를 소구한다.

단순히 브랜드의 바람을 담은 게 아니다. 출시 전 올뉴아반떼의

"시니어 문화생활, 20대추월"
60세 이상 문화 예술 관람율, 76.4%

@현대자동차 유튜브

올뉴아반떼 광고 "세상, 달라졌다. – 제2의 청춘카 편"에는
여성 시니어 4명이 주인공으로 등장한다.

사전 계약을 분석해보니 40~50대가 42%, 20~30대가 44%였다. 고객 절반이 중장년층인 셈이니 광고가 그들을 이야기하지 않는 게 더 이상하다. 4명의 시니어 모델은 모두 개성이 넘치는데, 젊음을 흉내 낸 느낌은 아니다. 표정이나 몸짓도 활기차다. 그간 광고 속 시니어는 손자손녀를 돌보는 조연이거나 집에서 누군가를 맞이하는 정적인 모습이 대부분이어서 여성 시니어가 주연으로 스포트라이트를 받는 영상이 새롭고 신선하다. 게다가 그들의 모습은 자연스럽고 근사하기까지 하다.

광고에 등장한 시니어의 모습은 이상적이지만 그렇다고 비현실적이지는 않다. 브랜드가 앞으로 시니어 고객의 모습을 어떻게 그려가야 할지, 좋은 힌트를 주었다고 생각한다. 중장년층이 주요 고객인 설화수는 "아름다움은 자란다"라는 광고 캠페인을 진행하고 있다. 캠페인 첫해인 2020년에는 73세의 바이올리니스트 정경화,

49세의 배우 이정은, 39세의 모델 송경화, 24세 가수 황소윤을 모델로 기용해 "아름다움에는 정해진 시기가 없다"는 메시지를 전달했다. 2021년에는 빅 모델을 기용하지 않고 다양한 연령, 각기 다른 외모를 지닌 여성 모델들이 등장했다. 광고는 "아름다움에 정해진 시기가 있을까요?"라는 물음으로 시작해 "당신이라는 우주가 커지고 깊어지듯 당신의 아름다움 역시 계속해서 자랍니다"라고 말한다.

대부분의 브랜드가 시니어를 소외시키고 있다. 아마 당신의 브랜드도 그중 하나일 것이다. 주위를 보라. 아웃도어를 즐겨 입는 사람들은 대부분 시니어인데 광고에서 그들을 본 적 있는가? 시니어는 명품 화장품 브랜드의 주요 고객이지만 마치 투명 인간인 듯 보이지 않는다. 시니어 소셜벤처 임팩트 피플스 조사에 따르면 50대 이상 시니어가 가장 선호하는 SPA 브랜드는 유니클로와 자라였지만, 이들 브랜드의 커뮤니케이션에는 시니어가 거의 없다. 시니어와 상관없을 것 같은 브랜드에도 이미 많은 시니어 고객이 존재한다. 윌라 오디오북 고객의 3분의 1이 45~54세고, 한국야쿠르트 밀키트 잇츠온 고객의 40%가 50~60대다.

많은 브랜드들이 시니어 고객이 있음을 인지하지 못하거나, 인지하고 있다 하더라도 커뮤니케이션 대상으로 등장시키는 데 부담을 느낀다. 물론 브랜드 커뮤니케이션에 반드시 시니어가 등장해야 하는 것은 아니다. 그러나 새롭게 조명된 시니어의 모습이 젊은 세대들에겐 힙하게 다가온다. 새로운 어른의 등장은 시니어 당사자뿐 아니라 젊은 사람들에게도 흥미롭다. 시니어에게는 시간이 만들어낸 아무나 가질 수 없는 이야기가 있고, 시니어의 모습이 다양해야 우리의 미래도 다양해지기 때문이다.

시니어에게 직접 말 걸기

시니어에게 건강은 더 이상 무병장수가 아니다. 그들이 건강을 챙기는 이유는 '근육이 적절히 잡힌 보기 좋은 몸매'를 위해서다. 지금 건강기능식품 시장의 화두는 홍삼이나 비타민이 아니라 단백질이다. 우리나라 50세 이상 시니어 10명 중 6명이 단백질 보충제를 먹을 만큼 단백질 보충제 시장이 뜨겁다.[1]

셀렉스, 하이뮨, 메디웰 등 다양한 브랜드가 등장해 성인 건강기능식품 시장을 새롭게 재편하고 있다. 셀렉스와 하이뮨은 성인 전체를 타깃으로 한다. 다양한 연령과 상황의 성인 남녀가 광고에 등장하는데, 과거와 달라진 점은 브랜드가 시니어에게 직접 말한다는 점이다. "부모님께 건강을 선물하세요"와 같은 상투적인 대화는 사라지고, 젊은 사람도 시니어도 스스로 챙겨 먹는 모습이 담겨 있다. 스스로 라이프스타일을 선택하고 건강을 관리할 줄 아는 이미지를 모든 나이대에 고르게 적용했다.

메디웰의 균형영양식은 시니어를 타깃으로 한다(전 제품이 시니어를 타깃으로 하는 것은 아니다). 광고에는 남녀 시니어가 등장한다. '인생핏 찾기'라는 자막과 함께 거울 앞에서 이리저리 몸을 돌려보는 여성 시니어, '두 발로 여행하기'라는 자막에는 멋지게 차려입고 오토바이에 앉아보는 남성 시니어가 등장한다. '수백만의 시선 즐기기', '자급자족하기' 등 시니어라면 한 번쯤 떠올려보는 라이프

성인 건강기능식품 광고에는 더 이상 "부모님께 건강을 선물하세요"와 같은
자녀의 모습이 등장하지 않는다. 스스로 라이프스타일을 선택하고
건강을 관리할 줄 아는 시니어가 직접 등장한다.

스타일 장면을 연출하며 영양의 중요성을 강조한다. '입맛은 없어
도 살맛은 나도록'이라는 카피가 담긴 장면에서는 입맛을 잃은 기
운 없는 시니어가 등장하는 대신, 하고 싶은 게 여전히 많은 시니어
의 모습을 보여주며 긍정적인 화법으로 메시지를 전달한다. 병약
한 부모님과 그런 부모님을 챙겨주는 효심 깊은 자녀의 모습은 이
제 버리자. 약하고 수동적인 모습으로 그려지고 싶은 시니어는 더
이상 없다.

　　요즘 시니어는 쓸 사람이자 살 사람이다. 더 이상 자신의 욕망
과 소비를 대리해줄 누군가를 필요로 하지 않는다. 복잡한 쇼핑환

경에서 소비를 도와줄 조력자가 필요할 수는 있어도 욕망의 대리자는 필요 없다. 시니어에게 직접 말을 걸고 그들의 흥미를 끌어내는 대화의 기술이 필요한 시점이다.

취미가 만든
새로운 소속감

일본에는 35만 명의 회원을 자랑하는 온라인 시니어 커뮤니티가 있다. 바로 슈미토 클럽趣味人倶樂部이다. 이 클럽은 이름 그대로 '취미'를 테마로 만들어진 시니어 커뮤니티로 월간 2천만의 페이지뷰를 자랑할 정도로 참여가 활발하다. 회원 70%가 50세 이상으로 익명의 소셜 네트워크 기반으로 운영된다.

시니어를 위한 온라인 커뮤니티의 힘

슈미토 클럽 홈페이지에 들어가면 이들이 운영하는 카테고리를 확인할 수 있는데, 첫 번째 메뉴인 일기는 말 그대로 익명으로 작성하는 공개 일기다. 회원은 시사, 부동산 투자, 예술과 같은 무거운 이야기부터 스포츠, 여행, 외출, 일상 등 가벼운 이야기까지 자신이 하고 싶은 토픽 중 하나를 골라 글을 올릴 수 있다. 일기 메뉴에 올라온 글들은 페이스북이나 블로그 포스팅과 비슷하다. 주로 긴 글이 많고, 회원 간 댓글과 박수(SNS의 '좋아요'와 같은 역할을 하는 버튼)를 통한 소통이 활발하다.

두 번째 메뉴는 포토다. 사진을 포스팅하는 것으로 회원들은 풍경이나 동물, 요리, 여행 등 직접 찍은 사진을 올릴 수 있다. 아무 사진이나 올리는 것은 아니고, 운영자가 매주 또는 격주로 투고용 제목을 바꾸는데, 그에 맞는 사진을 올려야 한다.

세 번째 메뉴인 커뮤니티는 취미나 공통의 관심사로 모여 교류하는 (인터넷 카페 같은) 온라인 모임이다. 슈미토 클럽에는 약 3만 5천 개의 커뮤니티가 있다. 이 세 가지 메뉴만으로도 일반 소셜 미디어처럼 취향과 취미, 그리고 일상의 소소함을 함께 나눌 수 있다.

슈미토 클럽이 일본 최대 온라인 시니어 커뮤니티로 성장하게 된 이유는 네 번째 메뉴인 이벤트에 있다. 이벤트는 회원이 직접 오프라인 모임을 개최하고 공지하여 참가자를 모집할 수 있는 메뉴다. 온라인 모임인 커뮤니티를 오프라인으로 연결하는 장으로, 하이킹이나 당일 관광 등이 인기를 끌고 있으며 평균적으로 한 달에 1,600건 정도가 올라온다. 코로나19 이후에는 화상회의 플랫폼 줌Zoom을 활용한 맥주 마시는 모임 등 실시간 온라인 접속 이벤트가 활발하다. 이처럼 다양한 종류의 소셜 교류 덕분에 슈미토 클럽은 론칭 15년이 지난 지금도 여전히 사람들로 북적거린다.

온라인 클럽에 가입하는 진짜 이유

슈미토 클럽에 가입하여 활동하는 시니어들은 기본적으로 사회활

@smcb.jp

슈미토 클럽은 일기, 포토, 커뮤니티,

그리고 오프라인 모임인 이벤트 등으로 구성되어 있는데,

이는 온/오프라인에서 시니어의 사회적 활동 욕구를 충족해준다.

동을 하려 하고, 인터넷에 능숙하며 여러 취미에 관심이 많은 편이다. 그래서 슈미토 클럽과 협업하여 시니어 할인 이벤트를 진행하는 등 여러 시니어 브랜드들이 슈미토 클럽에 관심이 많다. 시니어를 위한 온라인 커뮤니티의 힘이 발휘된 것이다.

온라인에서는 수많은 방식의 소셜 미디어들이 탄생하고 또 사라진다. 새로운 SNS들은 대부분 젊은 사람들을 타깃으로 한다. 2021년 잠깐 화제가 되었던 클럽하우스나 아직도 막강한 영향력을 발휘하는 인스타그램이 그렇다. 성인들을 위한 각종 모임은 네이버나 다음 카페에서 시작하여 라인이나 밴드로 확장하고, 오픈 카톡 모임 등이 추가되었다. 그러나 그 어떤 형태의 온라인 모임도 아직은 시니어에게 적합하지 않은 듯하다. 여러 시니어 전용 사이트나 매체들이 존재하지만, 이들은 대부분 정보 제공을 목적으로 한다. 시니어 집단을 타깃으로 점잖고 공식적인 메시지를 전달한다. 시니어 개인들을 위한 사적이고 가벼운 SNS는 보이지 않는다. 누가 먼저 시니어를 모이게 할 것인가? 시니어 타깃을 고민하는 마케터가 있다면 '취향'이라는 단어와 '시니어를 위한 온라인 사이트'를 함께 두고 고민해볼 필요가 있다. 취미로 연결되는 느슨한 연대와 소속감이야말로 사적이며 개인적인 시니어를 모이게 하는 진정한 동인이기 때문이다.

나이 듦을 탐험하는
모험가들

"우리는 선험적으로 판단하지 않고, 호기심을 가지고 활동합니다. 껄끄러운 대화를 시작하고, 금기를 깨고, 새롭게 발견한 곳에서 연결과 공명을 찾습니다. 우리는 창끝이 되는 것을 마다하지 않습니다. 우리가 먼저 갈 테니 여러분은 그대로 계십시오. 여러분이 우리와 함께여서 기쁩니다."

– 굽 홈페이지

폐경을 이야기하는 마담 오바리

세계적인 배우 귀네스 팰트로는 자신의 브랜드 '굽Goop'을 통해 결혼, 육아, 여행, 건강, 요리 등의 라이프스타일 전반을 소탈하고 솔직하게 이야기한다. 2008년 개인 블로그로 출발한 굽은 어느새 세계 여성들에게 가장 화제성 있는 라이프스타일 브랜드 중 하나가

나이가 들면서 자연스럽게 겪게 되는 신체의 변화를 당당하게 이야기하는
귀네스 팰트로의 모습에 많은 여성들이 공감했다.

되었다. 평균 34세, 수십만 달러의 기본 수입을 가진 중산층, 부유
층 여성들이 굽의 주 소비층이다. 그들은 그녀의 이야기에 공감하
고, 그녀가 제안하는 새로운 라이프스타일에 귀 기울인다.

　귀네스도 중년이 되었다. 2018년 11월, 46세의 귀네스는 여성
호르몬 중 하나인 에스트로젠이 감소하기 시작하는 폐경기 초기
증상을 겪고 있다고 고백한다. 땀이 나고 갑자기 이유 없이 화가
치미는 경험을 이야기하며 자신이 찾은 해결책으로 '마담 오바리
Madame OVARY'라는 브랜드를 소개했다. 폐경기 여성에 좋은 각종 영
양제를 혼합한 제품이다. 그녀는 부르주아 기혼 여성의 욕망과 파
멸을 그린 소설《마담 보바리》를 연상시키면서 '난소'를 의미하는
'Ovary'를 합친 이 위트 있는 브랜드를 소개하며 폐경기를 함께 준
비할 것을 제안한다. 귀네스의 방식은 놀라웠다. 그녀는 여성들에

게 중요하지만, 공개적으로 이야기한 적 없는 폐경, 섹스, 정신적인 건강 등의 이슈를 과감하게 꺼내고 당당하게 이야기하면서 담론을 형성했다. 그리고 많은 여성들이 그녀의 이야기에 귀 기울이게 만들었다.

나만의 모험을 떠날 시간

넷플릭스 다큐멘터리 〈귀네스 팰트로의 웰빙 실험실The Goop Lab〉은 말 그대로 실험적이다. 인생을 행복하게 살기 위한 다양한 방법을 실험해보는 이 프로그램은 환각 약물을 활용한 치료, 저온 노출, 여성의 쾌락 등을 탐구한다. '세월을 이긴다' 편에서는 '젊어지는 방법'에 대한 프로젝트를 진행한다. 의술 등 외적인 방식과 비건, 디톡스, 심리치료 등 내적인 케어, 두 가지 방법을 모두 다루고 있다. 여기서 주목해야 할 점은 참가자 각자의 라이프스타일, 가치관, 허용 범위, 니즈를 토대로 맞춤 대안을 제시한다는 것이다. 예를 들어 귀네스는 5일 디톡스와 100개 침술을 받는다. 누구는 매직 머쉬룸(환각 버섯)을 사용하기도 하고, 누구는 눈밭에서 수영복 수행을 하는 콜드 테라피를 하기도 한다. 전문가의 강요가 아니니 유행에 휩쓸릴 필요도 없고 건강식품 광고에 속아 넘어갈 일도 없다.

비과학적으로 보이기도 하는 이 프로그램이 인기와 공감을 얻을 수 있었던 요인은 무엇일까? 그녀가 제안하는 웰니스wellness(웰빙과 행복, 건강의 합성어로 신체와 정신은 물론 사회적으로도 건강한 상태를 의미)가 철저히 개인적이고 다양하기 때문이다. 사실 굽을 유명하게 만들어준 것은 'This Smells Like My Virgina(나의 질과 같은 향)'

등 다양한 테마의 양초, 그리고 세계적인 가수 아델이 공연할 때 반드시 몸에 지녀야 한다고 인터뷰한 원석^{gemstone}이다.

> "우리는 웰니스가 지극히 개인적인 것이라 믿습니다. 누군가에게는 금주가, 누군가에게는 매일의 위스키가 건강해지는 방법입니다. (중략) 우리의 목표는 항상 질문하는 것입니다. 성생활, 정신적인 생활, 우리가 먹는 음식, 우리가 일하는 방식 그리고 우리가 죽을 때 일어나는 일들에 대해서. 우리만 이런 것에 호기심을 가지는 게 아니라는 걸 압니다. 우리가 찾은 대답들은 우리들 각자가 저마다의 웰니스에 다가서는 데 도움이 되었습니다. 당신에게도 도움이 되길 바랍니다."

귀네스의 방식은 남들이 뭐라 하든 관심 있는 주제에 선입견 없이 다가서고 시도해서 자신에게 최적인 것을 찾아내는 것이다. 마담 오바리를 포함한 굽의 웰니스 제품도 마찬가지다. 제품은 매우 다양하고 어떤 것은 '이게 웰니스인가'라는 생각이 드는 것들도 있다. 건강기능식품, 디톡스 키트, 사우나, 요가 매트, 여성용 바이브레이터는 평범한 편이고 마리화나가 들어간 비누, 건강측정 반지, 수갑 팔찌, 채찍, 달걀 모양의 여성 질 운동기구 등의 제품도 있다. 굽은 민간요법, 미신이라 할 만한 제품도 서슴없이 제안한다.

비과학적이지만 믿는 사람이 있고, 그 사람에게 효과가 있으면 그것으로 충분하다. 이처럼 굽의 성공 포인트는 '개인화'다. 누구에게나 통하는 만병통치약이 아니다. 말이 안 되어도, 딱 나에게만 통

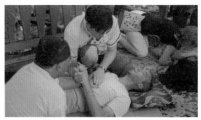

@netflix.com

넷플릭스에서 방영하는 〈귀네스 팰트로의 웰빙 실험실〉은

한 번뿐인 인생을 어떻게 하면 더 즐겁게 살 수 있을지를 고민하는 귀네스가

자신의 라이프스타일 브랜드 직원들과 함께 찾아가는 내용을 그린다.

환각 심리 치료, 저온 노출, 에너지 치유 등 다양한 방법을 소개한다.

하는 묘약을 가지는 경험, 내 몸과 마음을 사랑하게 되는 느낌을 제공한다. 불쾌한 노화의 징후를 느끼며 노년 초입에 들어선 많은 사람들이 갈구하는 평화는 그런 모습일지도 모른다.

귀네스와 그녀의 브랜드 굽은 앞으로의 시니어가 노년을 어떻게 받아들일지 보여주는 힌트와 같다. 이들에게 노년은 슬프지 않다. 많은 것을 포기하고 체념해야 할 시기도 아니다. 노화와 노년의 삶은 아직 가보지 않은 미지의 영역으로, 호기심을 가지고 능동적으로 탐험해야 할 대상이자, 신나는 모험이 기대되는 미래의 시간이다.

4장

성장

불완전주의자로 사는
시니어를 채워라

시니어의 성장은
멈추지 않는다

시간은 누구에게나 다 똑같이 흐르지만, 젊은 사람은 '성장한다'라고 말하고 시니어는 '늙어간다'고 표현한다. MZ세대의 니즈는 끊임없이 발굴되고 빈틈없이 채워지고 있지만 시니어의 니즈는 여기저기 비어있는 곳이 많다. 어쩌면 지금까지 시니어는 그저 그 상황에만 적합한 적정수준만 채워진 '불완전주의자'로 살고 있었는지도 모른다. 시니어는 더 이상 성장하지 않는 것일까? 2017년 통계청 사회조사에 따르면 50대의 44.2%가 하고 싶은 여가 활동으로 '자기계발 및 취미활동'을 꼽았다. 성장의 의미를 좁게 보더라도 시니어 2명 중 1명은 성장하고 싶어 한다는 것이다.

시니어의 자기계발은 무엇이 다른가
현재 시니어의 대다수를 차지하는 베이비붐 세대는 인생의 대부분을 주어진 이름으로 살아왔다. '경제성장의 주역, 민주화 세대'라는 사회적 호명뿐 아니라 '○○기업 과장, ○○아빠'라는 호칭 속에 평생을 보냈다. 그들의 은퇴는 곧 주어진 타이틀에서 벗어나 오롯이 자기 자신이 될 기회를 뜻한다.

시니어의 자기계발은 직장인과 사뭇 다르다. 취업 플랫폼 잡코리아에 따르면 직장인의 40%가 자기계발을 하고 있는데, 가장 큰 이유는 '고용에 대한 불안감과 퇴사 후 대비를 위해서'였다.[1] 그들의 동인은 '먹고사는 일에 대한 불안'으로 자기계발 목표가 비슷하다 보니 토익과 같은 언어능력 점수 올리기, 각종 자격증과 면허증 따기 등 그 과정도 비슷하다.

하지만 시니어는 자기계발 끝에 반드시 취업이나 성공이 있을 필요가 없다. 먹고살기 위함도 있지만 그냥 좋아서 또는 의미가 있어서 한다. 자기계발 목표가 다양한 만큼 자기계발 형태도 다채롭다. 서울시에서 운영하는 평생학습 플랫폼 서울자유시민대학은 인문학, 사회경제학 등을 교육하고 서울시장 명의의 명예시민 학위(학사, 석사, 박사)를 수여하는데, 수강생의 90%가 대졸 이상 고학력자로, 이들의 목표가 단순히 학력 취득이 아님을 알 수 있다. 게다가 석사 학위를 받으려면 200시간의 강좌를 수강해야 하고 졸업 연구 결과물에 대한 승인도 받아야 하는 등 만만한 과정이 아님에도 석사 학위 수여자의 96.4%가 50세 이상이다.

젊은 시절 밥벌이 때문에 제쳐두었던 학문적 호기심과 지적 욕구를 마음껏 채울 수 있는 시간이 생긴다면, 은퇴 후 시간은 손꼽아 기다릴 만한 인생의 한 시기가 아닐까? "나이 든다는 것은 선물이

다. 나이가 드니 비로소 무척 행복하다. '누구를 먹여 살려야 한다'
는 책임감을 느끼지 않아도 된다. 그저 나 즐거운 것만 하면서 살아
가도 된다는 것이 소중하고 감사하다"라는 한 시니어 은퇴자의 말
처럼 말이다.[2]

배우러 떠나는 시니어들

> "평균 나이 65세로 대한민국을 대표하는 시니어즈 3인방 중 맏
> 형 전유성(71세)은 "이제 눈치 볼 나이는 아니다. 젊었을 때 하
> 고 싶었는데 살다 보니 못했던 것들을 지금 시도하는 것은 좋
> 은 일이라고 생각한다"며 영어로 세계인을 웃기고 싶어서 무려
> 60년 만에 책가방을 다시 멨다."[3]

2019년 말 방영된 JTBC의 리얼리티 프로그램 〈유학 다녀오겠습
니다〉는 시니어의 유학 생활을 담았다. 개그맨 전유성, 모델 김칠
두, 셰프 이연복이 영어를 배우기 위해 지중해 섬나라 몰타로 떠나
는 내용이다. 시니어의 자기계발은 학교 밖에서 더 다채롭다. 코로
나19로 중단되었지만 일본에서는 시니어 유학이 유행했다. 〈유학
다녀오겠습니다〉처럼 '여행과 배움'을 접목한 것으로 일본 최대 여
행사 JTB가 '어른의 유학'이라는 프로그램을 진행했다. 어학연수
와 홈스테이, 기숙사, 체제 방법을 세트로 제공했는데, 2016년 참가
자 중 70%가 60대 이상이었다.

여행과 배움을 접목한 또 다른 사례는 로드 스칼러Road Scholar다.

1975년 설립된 미국의 시니어 여행업체로 유럽의 유스호스텔을 벤치마킹했다. 여행으로 시니어의 지적 욕구를 충족시켜주는데, 이를테면 '알쓸신잡' 여행사라고 할 수 있다. 로드 스칼러는 50대 이상 시니어에게 '모험을 통한 배움'을 제안하는데, 그 배움의 폭이 아주 넓다. 몇 가지 소개하자면, '코스타리카 맛보기'라는 프로그램은 8박 9일 일정으로 운무림(구름이나 안개가 늘 끼어 있는 산림)을 하이킹하고, 화산지대를 탐험하며 코스타리카의 생물다양성과 생태계에 대해 배운다. 인기 프로그램 '펜실베이니아 주립대학 과학자들과 함께하기'는 펜실베이니아에서 6일 동안 진행되는데, 전문가에게 일기예보에 담긴 과학을 배우고, 행성을 찾아보거나 블랙홀에 관해 토론하는 시간을 갖는다. 그 밖에도 역사를 배우는 '보스턴: 미국 자유의 탄생지', 야생을 탐험하는 '케냐와 탄자니아: 클래식 사파리' 등 다양한 프로그램이 있다.

이 프로그램들은 주로 소규모 그룹으로 진행되고 활동 레벨은 걷기를 최소화한 'Easy going', 도시를 걸어 다니거나 박물관을 둘러보는 정도의 걷기가 포함된 'On your feet', 계단 이용을 포함해 하루의 상당 시간을 걸어 다니는 'Keep the pace', 하루 종일 걷기도 하는 'Let's go'로 나뉘어 있어 자신의 건강 상태에 맞는 프로그램을 택할 수 있다. 시니어를 위한 여행 팁도 제공하는데, 여행 전 체크리스트, 짐을 꾸리는 법, 여행지별 주의점 등 꼼꼼히 챙겨준다.

시니어는 단순한 시티투어나 지루한 휴양에서 벗어나 자신의 관심사를 찾아 모험을 계획한다. 세분화된 활동 레벨은 시니어의 선택을 돕고 안심과 안전을 보장한다. 그룹 여행뿐 아니라 여성들만 참여하는 여행, 가족이 함께할 수 있는 여행 등 형태도 다양하다. 각 여행 프로그램과 관련된 책들도 소개해줘 그 주제에 더 깊이 빠져들 수 있다.

로드 스칼러의 부사장 스티브 어거스트 Steve August는 시니어의 여행 동기를 '배움과 연대감' 두 단어로 요약했다.[4] 예술, 요리, 역사, 건축, 등산 등 다양한 관심사를 가진 요즘 시니어들의 여행 동기는 이렇듯 뚜렷하다. 여행을 통해 지식과 지혜를 얻고 새로운 사람들을 만나기 위해 그들은 여행을 떠난다. 유적지와 관광명소를 적당히 둘러보는 겉핥기 여행상품으로는 더 이상 그들을 만족시킬 수 없다.

배움+α, 다채롭게 변주되는 시니어의 자기계발

'주거와 배움'을 접목한 형태도 있다. UBRC University Based Retirement Communities (대학 기반의 은퇴자 공동체)가 그것이다. 은퇴자의 주거단지와 대학이 연계해서 시니어의 지적, 사회적 욕구를 충족시켜주는 프로그램으로 대학 캠퍼스 내에 시니어용 주거시설을 마련하고 다양한 교육 프로그램을 운영한다. 시니어는 입주자 도서관과 식당을 이용하며 캠퍼스 내에서 생활한다. 대학의 전/현직 교수들의 수업을 듣고 때로는 학생들에게 자신들의 지혜와 경험을 바탕으로 강의한다. 입학생 수가 줄어든 대학 입장에서는 캠퍼스 공간과 프로그램, 인력을 활용해 수익을 얻을 수 있어 좋다. 미국, 유럽을 중심으로 확산되고 있으며 미국에서는 스탠퍼드, 듀크, 코넬 주립대학 등 100여 개 대학이 UBRC를 조성했다.

국내에서는 기존 서비스를 시니어 타깃으로 확장한 사례가 많다. 코로나19로 인해 2021년 2월 이후 활동이 중단되었지만, '반서재'도 5060세대를 위한 지적 교류 커뮤니티를 표방한다. 2020년 시즌2까지 진행했는데, 교보북살롱, 트레바리 같은 독서모임의 시니어 버전이라 할 수 있다. 반서재 anti-libraires는 소장하고 있지만 아직 읽지 못한 책들을 뜻하며, 100세 시대의 반半을 보낸 오팔세대를 타깃으로 한다는 의미이기도 하다. 반서재를 론칭한 세대공감 플랫폼 쉐어러스는 "공공기관이나 지자체에서 운영하는 커뮤니티는 누구나 참여할 수 있는 대중적인 프로그램으로, 다양한 시니어의 욕구를 반영하는 데 한계가 있다"며 론칭 배경을 설명했다.[5]

시니어의 다양한 욕구에 따라 가장 먼저 변화한 것은 백화점 문화센터다. 2010년대 후반부터 50대 이용객이 늘면서 문화센터도 시니어를 위한 강좌를 열기 시작했다. 대표적인 것이 모델 강좌다. 현대백화점은 전국 15개 지점 문화센터에 '시니어 모델 강좌'를 열어 모델 워킹, 자세 교정 등을 가르친다. 2016년 2천 명이던 수강생은 2019년 3배 이상 늘었다. 지금은 거의 모든 백화점이 시니어 모델 강좌를 진행하고 있다. 더불어 시니어만을 위한 뮤지컬 강좌, 와인 소믈리에 과정, 프랑스 가정식 요리 수업 등 독특한 강좌들도 눈에 띈다. 시니어의 욕구에 맞춰 프로그램의 폭과 깊이가 다양해지는 모습이다.

시니어의 자기계발은 목표도 그 과정도 다양하다. 그래서 결말도 다채롭다. 그 끝에 취업이나 창업이 있기도 하고 새로운 인연, 또는 더 성숙한 자아가 있을 수도 있다. 무엇이 되었든 해야 하는 일보다 하고 싶어 하는 일에 가까워 엄숙하거나 지루하지 않다. 가볍고 즐겁다. 그러므로 시니어의 자기계발은 '성장'이라는 개념으로 다양하게 상상하고 접근하는 게 좋다. 젊은 세대가 그렇듯 나를 더 매력적으로 변화시키는 브랜드, 더욱 성숙한 사람으로 만들어주는 브랜드, 나의 성장을 지지하는 브랜드는 시니어에게도 매력적이다.

폴란드의 서정 시인 치프리안 노르비트Cyprian Norwid는 "행복한 인생을 살기 위해서는 먹고사는 일, 의미 있는 일, 목숨을 바칠 정도로 재미있는 일이 필요하다. 세 가지 중의 하나가 부족하면 삶이 드라마가 되고, 둘이 부족하면 비극이 된다"고 말했다. 노년이야말로 먹고사는 일과 의미 있는 일, 재미있는 일을 하나로 꿸 수 있는 기회의 시기가 아닐까? 우리가 그토록 꿈꾸는 덕업일치의 시기가 바로 노년일 수 있다.

경계 없는 플랫폼과
시니어의 일

바둑은 집중력과 체력이 최고조인 젊을 때 정점을 찍고 빠른 은퇴를 하는 것이 대부분이다. 신이 내린 계산 바둑 '신산神算'이라 불리던 이창호 사범도 서른을 넘기면서 정상에서 내려왔다. 바둑 리그에 계속 출전은 했지만 그의 나이 절반도 되지 않는 후배들에게 번번이 패하며, 이제 더 이상 그의 경기나 랭킹이 언론에서 다뤄지지 않았다. 그런데 몇 년 전 그가 회춘하고 있다는 소식이 들려왔다. AI 바둑을 공부하면서다. 이창호는 AI가 바둑 리그에 등장한 후에도 한동안 자신의 방식을 고수했지만, 태도를 바꿔 AI를 상대로 바둑 공부를 시작하자 성적이 몰라보게 좋아졌다. AI 바둑이 내리막을 향하던 그의 커리어에 새로운 전환점을 찾게 해준 셈이다.

시니어가 일하는 이유

시니어에게 일과 창업은 필수라기보다는 선택이었다. 누군가는 이루지 못한 꿈을 위해 두 번째 직업을 선택하고, 또 다른 누군가는 생계를 위해 일을 했다. 그러나 예상 수명이 150년으로 예측되고 은퇴가 근대적이라는 의문이 제기되고 있는 지금, '시니어의 일'에 대한 새로운 시각이 떠오르고 있다. 시니어 창업을 사업화한 일본의 긴자 세컨드 라이프Ginza Second Life의 창업자는 시니어 창업에서 중요한 것은 큰 수익이 아니라 "안정적 수익을 되도록 적은 노력으로 얻는 것이다"라고 말한다. 이러한 지속가능한 일자리의 대표적 사례가 비영리법인Non Profit Organization, NPO 혹은 사회적 기업이다.

미국이나 유럽은 은퇴 후 NPO 재취업이나 창업을 하나의 대안으로 자연스럽게 고민한다. NPO 창업은 공익을 지향하면서도 어느 정도 돈을 벌 수 있다는 장점이 있다. 그러나 아무나 할 수는 없다. 돈, 경영 경험, 지원받을 수 있는 단체나 조직, 정부 기관과의 인맥 등이 중요하기 때문이다. 창업이 힘든 사람은 자신의 비전에 맞는 NPO를 찾아 취업하기도 한다.

2014년 미국의 사회적 기업가 마크 프리드먼Marc Freedman이 설립한 비영리단체 앙코르Encore.org는 그런 시니어들을 돕는 NPO다. 이들은 은퇴자 혹은 50세 이상의 시니어들이 제2의 인생을 살 수 있도록 돕는 여러 가지 활동을 한다. '세대가 세대에게Generation to Generation'는 50+세대가 어린이와 청소년의 독서 활동을 도와주는 자원봉사 활동이다. 말 그대로 세대와 세대를 연결해 청소년의 교육을 돕는다. 앙코르 펠로우십은 인턴과 비슷하다. 은퇴한 각 분야의 전문가들과 사회단체가 연결되어 6~12개월간 유급으로 업무를 수행한다. 사회단체들은 유능한 시니어 전문가의 도움을 받을 수 있고, 시니어들은 짧은 기간이나마 자신의 지식을 바탕으로 다시 일할 수 있다는 장점이 있다. 앙코르 콘퍼런스는 시니어들과 사회단체의 리더들을 연결하여 네트워크를 구축하고, 혁신과 학습을 통해 지역이나 기관에서 변화를 만들어내는 공동 행동이다. 앙코르 네트워크는 서로 다른 분야의 단체들과 리더들을 회원으로 하는 프로그램으로 이들의 공동 관심사를 연결하고 새로운 아이디어를 활용하도록 한다. 앙코르 프라이즈는 50+세대의 재능으로 사회문제를 해결한 프로그램이나 성과를 심사하여 10만 달러 상금과 지속적인 지원을 해주는 시상식이다.[6]

앙코르는 다방면으로 은퇴자와 사회를 연결한다. 중요한 것은 돈이 아니라 의미 있는 연결이다. 은퇴자가 사회적 기업과 지역사회를 돕고 스스로 보람을 찾으며 소정의 돈을 버는 방법을 제안한다. 은퇴자가 원하는 것은 더 오래 일하고 더 많이 버는 것이 아니라 더 의미 있는 일, 더 중요한 일을 하는 것이다. 프리드먼의 말처럼 "노년의 목표는 젊음을 유지하려고 노력하는 것이 아니라, 젊은 사람들과 함께하는 것이다."

시니어의 노하우를 활용하는 법

탤런트뱅크는 인력 플랫폼 기업 휴넷이 운영하는 전문가 매칭 플랫폼이다. 2018년 론칭한 서비스로 각 분야에서 15년 이상의 경력을 보유한 고급 시니어 인재를 중소기업에 연결해준다. 휴넷의 조영탁 대표는 오래전부터 "매년 대기업에서 1천 명이 넘는 임원이 쏟아져 나오는데 왜 이들을 중소기업에서 활용하지 못할까"란 의문을 갖고 있었다고 한다. 그가 찾은 답은 '채용=정직원'이라는 고정관념이었다.[7] 중소기업 입장에서 경험 많은 전문가는 그림의 떡이다. 절실히 필요하지만 고용할 여력은 없다. 탤런트뱅크는 프로젝트별 협업이라는 방식으로 이 문제를 해결했다. 중소기업이 해결하고 싶은 문제를 프로젝트화하여 의뢰하면 탤런트뱅크는 그에 맞는 전문가를 매칭해준다. 의뢰기업과 전문가가 프로젝트 기간, 근무 형태 등을 협의한 후 함께 문제를 해결한다.

일례로 한 자동차부품 생산업체는 해외 영업에 도움을 받고 싶어 프로젝트를 의뢰했다. 탤런트뱅크는 현대차그룹에서 30년간 근무한 해외 영업 전문가를 매칭했다. 전문가는 월 4회, 6개월 동안 근무하는 방식으로 일하며 해외 판로개척 노하우를 전달하고 영업 프로세스를 수립해주었다. 이외에도 들어오는 프로젝트 문의는 매우 다양하다. '신규 패션브랜드의 이커머스/온라인 마케팅 전략', '코로나19 극복을 위한 여행사 신규사업 진출 전략'과 같은 프로젝트성 업무나 '스타트업과 조인트벤처[JV] 설립을 위한 투자 및 협력 방안 자문', '브루어리 제조 공정 자문' 등 단기 자문뿐 아니라 기업이 채용을 원할 경우, 적합한 전문가를 매칭해주는 채용 서비스도 제공한다. 퇴직자들 사이에 입소문이 나면서 서비스 론칭 후 7개월 만에 600여 명의 전문가를 확보했고, 2022년 그 숫자는 4천여 명으로 크게 늘었다.

독일에서는 시니어가 퇴사하는 것을 일컬어 '노하우의 상실'이라고 말한다. 그러나 탤런트뱅크처럼 채용에 대한 고정관념에서 벗어나면 노하우는 상실되지 않고 오히려 더 널리 활용될 수 있다.

시니어의 삶에 총체적으로 다가가기

미국의 스타트업 겟셋업GetSetUp은 시니어를 위한 교육 프로그램을 온/오프라인으로 제공한다. 겟셋업이라는 이름이 암시하듯 시니어의 제2의 인생 만반을 준비하는 플랫폼이다. 홈페이지에 들어가면 흥미를 끄는 다양한 토픽들이 라이브 방송으로 준비되어 있고, 50대 이상이면 누구든지 사용자가 될 수 있다. '시니어 요가', '가짜 뉴스 구분하기' 같은 교양 강의도 있지만, 주로 디지털 기술 관련 강의가 많다. 디지털로 모든 업무가 이뤄지는 필드에서 시니어들이 적응할 수 있도록 맞춤 교육을 진행한다. 기초부터 '인스타그램으로 제품 광고하기', '첫 홈페이지 구축하기' 등 고급 강의도 준비되어 있다.

겟셋업에서는 시간당 25달러에 여러 가지 일을 해주는 프리랜서 튜터tutor, '가이드'를 모집한다. 가이드는 스마트폰을 유용하게 쓰는 법, 지메일 사용법, 앉아서 하는 아침 피트니스 등 다양한 주제로 튜터 역할을 한다. 집에서 자유롭게 일할 수 있으며 나이와 관계없이 지원할 수 있는데, 기업들은 주로 55세 이상의 가이드를 고용한다. 시니어들은 겟셋업을 통해 소소하지만 유용한 지식을 배울 수 있고, 동시에 프리랜서처럼 자유롭게 시간을 쓰면서 간단한 일도 할 수 있다. 플랫폼은 커뮤니티 역할을 해내며 시간을 의미 있게 보내고 싶은 다양한 시니어들을 만족시킨다.

Classes You Might Like

⊙ Class ☐ Free!
Walk Your Way To Fitness
📅 08:30 PM, 19 Jul
Starts in a day
👤 Taught by Bhavani S.

[Log In to Book]

⊙ Class ☐ Free!
Sleep Deprivation & Management
📅 08:30 PM, 19 Jul
Starts in a day
👤 Taught by Kalyankar B

[Log In to Book]

⊙ Class ☐ Free!
Morning Fitness - Core Training (seated)
📅 09:00 PM, 19 Jul
Starts in a day
👤 Taught by Stacy R

[Log In to Book]

⊙ Class ☐ Free!
iPhone Basics
📅 10:30 PM, 19 Jul
Starts in a day
👤 Taught by Wade Y

[Log In to Book]

@getsetup.io

아침 피트니스, 아이폰 기초 등 겟셋업은 시니어의
두 번째 인생을 위해 다양한 주제의 커리큘럼을 제공한다.

겟셋업은 "활동하라. 정신적, 육체적, 사회적으로Be Active. Mentally, Physically, Socially"라는 그들의 모토처럼 시니어들이 제2의 커리어를 위해 필수적인 지식과 기술을 습득하고 다른 시니어들과 교류하면서 정신적, 신체적, 사회적인 활력을 유지할 수 있도록 돕는다.

그런 면에서 겟셋업 이전에 미국 시니어의 울타리가 되어준 플랫폼은 앞서 소개한 AARP다. 시니어 할인 혜택과 커뮤니티로 소개한 AARP는 초기 은퇴 이후 경제적 어려움을 겪는 교육자들 간의 연합으로 시작한 만큼 '직업과 일'이라는 섹션이 비중 있게 다뤄진다. 시니어가 재취업에 성공할 수 있게 다양한 요령을 알려주고, 동시에 시니어 채용 정보도 제공한다. 이뿐만 아니라 법률 서비스, 창업 지원 서비스 등도 펼치고 있다. 특히 유료 회원에게는 더 세분화된 검색을 통해 채용 기회를 넓혀주고 이력서 관리를 효과적으로 할 수 있는 도구를 제공한다.

시니어에게 플랫폼의 역할은 이처럼 결정적이다. 다양한 주제에 접근할 수 있는 현실적인 기회를 제공한다는 면에서, 그리고 시니어가 사회를 향해 자기 목소리를 내고 때론 대항력을 가질 수 있게 해준다는 면에서 강력하다.

시니어와
사회를 잇다

"프로이트가 말했죠. '사랑과 일, 일과 사랑. 그게 전부다'라고. 난 은퇴했고 아내는 세상을 떠났어요. 당연히 시간이 남아돌죠. 아내가 세상을 떠난 지 3년 반이 되었어요. 그녀가 정말 그리워요. 은퇴 생활요? 계속이지요. 창의적으로 소일하기 위해 끊임없이 노력하죠. (중략) 가장 중요한 건 그냥 몸을 움직이는 거였어요. 아침에 일어나서 집 밖으로 나가 어디든 가는 거예요. 비가 오든 해가 쨍쨍하든요. 7시 15분이면 스타벅스에 가요. 뭐라설명할 수 없지만 제가 뭔가의 구성원이 된 거 같죠."

– 영화 〈인턴〉 중 시니어 인턴 벤 휘태커(로버트 드니로)의 대사

시니어 시기로 접어들면서 생기는 변화 중 하나는 사회적, 개인적 관계가 줄어든다는 것이다. 은퇴와 사별은 관계를 단절시키는 큰

사건이다. 관계가 줄면 그만큼 소통도 줄고 삶의 활력도 떨어진다. 사람은 관계 속에서 성장하고 관계 속에서 존재감을 느끼는 사회적 동물이기 때문이다. 누군가와 연결되어 있다는 감각은 대단히 중요하다. 세상의 흐름과 내가 무관하지 않다는 그 감각 말이다. 영화 〈인턴〉의 주인공 벤(70세)은 그 감각을 느끼고 싶어 매일 아침 스타벅스에 간다. 그러나 연결되어 있다는 느낌만으로는 부족했던 걸까. 그는 진짜로 사회와 연결되기 위해 한 스타트업의 인턴직에 도전한다.

모두가 행복해지는 연결

반려伴侶는 '짝이 되는 동무'라는 뜻이다. 사람과 더불어 살아가는 반려동물은 시니어에게 더욱 각별한 존재다. 시니어의 배우자, 친구, 자녀가 되어주기 때문이다. 그러나 시니어들이 개, 고양이 같은 반려동물을 키운다는 것은 현실적으로 쉽지 않다. 반려동물을 돌보는 것은 체력적으로 힘들고, 행여 병원이나 요양원에 들어가게 되면 반려동물을 책임지는 것 자체가 어렵다. 이처럼 반려동물을 좋아하지만 현실적으로 키울 수 없는 시니어들을 위한 서비스가 있다. 네덜란드의 오포OOPOEH다.

오포는 55세 이상의 시니어와 반려견 그리고 견주를 이어주는 활동으로 2012년에 시작했다. 'Opa's en Oma's Passen Op Een Huisdier'의 약자로 '반려동물을 돌보는 할아버지와 할머니'라는 뜻이다. 네덜란드어로 '노인(할머니)'을 뜻하는 'OPOE'의 발음에서 착안했다. 오포는 서비스명이자 이를 운영하는 민간단체의 이름이며, 활동에 참여하는 시니어 회원들을 부르는 이름이기도 하다.

오포는 개를 좋아하고 이웃과 교류하고 싶은 시니어와 돌봄이 필요한 반려견과 견주를 타깃으로 한다. 참여하고 싶은 시니어는 직접 신청하면 된다. 홈페이지에서 프로필을 작성할 수도 있고 전화로도 신청 가능하다. 견주들은 오포 홈페이지에 올라온 시니어들의 프로필을 보고 집 근처 오포 중 원하는 사람을 선택한다. 그런 다음 오포가 반려견을 돌볼 환경을 갖췄는지 확인한 뒤 오포와 견주의 스케줄을 조율하여 주 1~2회 반려견을 오포에게 맡긴다. 반려견과 시니어 사이의 테스트도 있는데, 처음 만난 날 함께 걸어보는 것이다. 이 산책을 통해 시니어들은 반려견이 자신에게 맞는지, 돌볼 수 있는지 판단한다. 언뜻 펫시터pet sitter와 비슷해 보이지만 취지부터 다르다.

설립자인 소피 브라워는 오포의 취지를 "애정과 사회적 관계가 필요한 시니어들을 강아지를 매개로 이웃과 연결해 더욱 활동적으로 살도록 하는 것이다"라고 말했다.[8] 때문에 펫시터처럼 견주의 근무 시간에 맞춰 상당 시간 반려견을 돌보는 일은 하지 않는다. 주 1~2회가 전부이며 무엇보다 돈을 받지 않고 무료로 활동한다. 견주가 약 50유로의 가입비와 한 마리당 15유로의 월 회비를 내지만, 이는 수익금, 기부금과 함께 시니어와 반려견의 삶을 지원하는 데 쓰인다.

브라워가 말했듯 오포 재단의 취지는 시니어를 다시 사회로 연결하는 것이다. 시니어는 이웃의 개들을 돌보며 친구를 사귀고, 자

오포는 55세 이상의 시니어와 반려견 그리고 견주를 이어주는 서비스로,
시니어는 봉사활동을 통해 사회적 역할을 찾고 견주는 신뢰할 수 있는
이웃을 만나 도움을 받을 수 있다.

발적인 운동을 할 수 있다. 반려견은 필요한 관심과 보살핌을 받을
수 있고, 견주는 신뢰할 수 있는 이웃을 만나 적절한 도움을 받을
수 있다. 시니어와 사회가 동물을 사랑하는 마음으로 다시 연결되
고, 이를 통해 시니어는 계속 사회의 일원으로 남는다. 은퇴한 시니
어들이 작은 봉사활동을 통해 자신의 사회적 역할을 찾고 새로운
관계를 만들어가는 것이다.

　오포의 성과는 뚜렷하다. 매년 실시하는 자체 설문조사에 따르
면 오포로 활동하는 시니어의 약 75%는 '반려견을 돌보며 활동량
이 늘었다'고 답했으며, 89%는 '반려견을 돌보는 것이 정서적 안정

을 주었다'고 답했다. '오포를 통해 이웃 간에 교류가 증가했다'고 답한 이들도 77%다(2020년 기준).

> "남편이 오랜 투병 끝에 세상을 떠났을 때 나는 69세였어요. 얼마 지나지 않아 고양이 토미가 죽었을 때 나는 큰 상실을 느꼈지요. 하지만 새로운 반려동물을 혼자 키우는 것은 현명하지 않다고 생각했어요. 그때 오포를 통해 코제(이웃 말로스 씨의 반려견)를 만났죠. 매주 화요일 코제와 함께 외출하고 최소 8천 보를 걸어요. 말로스 가족들도 너무 좋아요. 매일 아침 말로스와 아이들은 학교 가는 길에 우리 집 창문에 대고 손을 흔들죠. 그러면 나는 좋은 하루를 시작할 수 있어요. 코제는 나의 운명 같아요."

오포는 오포 회원들의 이야기를 홈페이지에 올리는데, 71세 마르자의 인터뷰는 시니어가 계속 사회와 연결되기 위해 필요한 것은 엄청난 기술적 진보나 막대한 예산이 아니라는 것을 알려준다. 도심에서 고립된 시니어와 반려견, 그리고 이웃의 연결은 적어도 세 존재를 행복하게 만들었다. 핵심은 시니어와 이웃에 대한 관심과 애정이다. 시니어가 좋아하는 것을 중심으로 자연스럽게 사회와 연결되는 방법을 고민해야 할 때다.

어린 멘티와 시니어 멘토의 만남

엘더라Eldera는 전 세계 아이들과 시니어 멘토들을 연결하는 미국의 소셜 플랫폼이다. '어른들의 시대Era of the elders'를 의미하는 엘더라는 60세 이상의 멘토와 8~13세 아이들을 매칭해 일대일 또는 일대다로 줌을 이용해 만난다. 아이들의 부모는 엘더라에 등록하고 멘토를 신청한다. 60세 이상으로 줌에 접속할 수 있는 기기가 있다면 누구나 멘토가 될 수 있다. 단, 엘더라의 검증 과정을 거쳐야 한다. 검증을 통과한 멘토는 오리엔테이션과 훈련을 받은 후 아이와 연결된다.

엘더라는 멘토를 검증하고 멘토와 아이가 연결될 수 있는 줌 링크를 제공할 뿐 프로그램을 제공하지는 않는다. 멘토 대부분 일주일에 한 번 30~90분간 아이와 만나는데, 같이 책을 읽거나 아이들이 쓴 글이나 그림을 보면서 이야기를 나눈다. 분명한 것은 선생님과 학생의 관계는 아니라는 점이다. 학습 목표를 가지고 정해진 커리큘럼대로 수업을 진행하지 않는다. 멘토나 아이 어느 쪽도 돈을 내거나 받지 않는다.

관심사가 맞는 할아버지, 할머니와 시간을 보내는 것만으로도 충분할 텐데, 시니어 멘토와 어린 멘티의 만남이 생각지 못한 결과물을 만들어낸 사례도 있다. 시카고 일리노이대 공중보건학과 올샨스키 교수S. Jay Olshansky는 엘더라를 통해 2020년 한국의 이현승군(당시 11세)을 만났다. 수학에 관심이 많던 현승이와 격주에 한 번씩 줌미팅을 했다. 수학을 왜 좋아하는지 묻는 올샨스키 교수의 질문에 현승이는 "아름다워서요"라고 답했다. 올샨스키 교수는 현승이에게 "너는 내가 보지 못하는 것을 보는 게 분명해. 네가 본 수학을 다른 아이들도 볼 수 있게 도와주면 어떨까? 글로 쓴 다음 단순하게 만들어봐"[9]라고 말했다. 올샨스키 교수의 제안에 현승이는 글을 쓰기 시작했고, 같은 해 10월《수학을 바꾼 아름다운 정리들 Beautiful Theorems That Changed Math》이라는 책을 펴냈다. 책의 수익금은 모두 소아암 관련 단체에 기부된다. "어른들의 지혜는 가장 귀중한 자산이며 그것을 젊은 세대와 공유함으로써 그들이 모두를 위한 더 나은 미래를 상상할 수 있도록 돕는다"는 엘더라의 미션을 잘 보여주는 사례다.

엘더라에서는 종종 '모닥불 수다fireside chat' 세션이 열린다. 작가, 물리학자, 우주비행사, 일러스트레이터, 발명가, 천문학자 등 다양한 분야에 있는 멘토들을 초대해 아이들과 이야기를 나눈다. "왜 벌레는 손과 발이 없지요?", "시간을 만질 수 있나요?"와 같은 아이들의 천진난만한 질문을 만날 수 있다. 어린 멘티는 엉뚱한 질문을 마음껏 할 수 있어 좋고, 시니어 멘토는 수십 년(최소 60년) 동안 쌓아온 경험과 지식, 사랑, 실패를 통해 얻은 지혜를 나눌 수 있어 좋은 시간이다.

시니어의 지혜는 사회의 자산이다. 시니어에게 지혜를 공유할 기회, 이를 사회와 세대에 기여할 기회를 주는 것은 모두에게 이익이다. 우리가 할 일은 그 자산을 사회와 연결하는 것이다. 엘더라의 창업자 다나 그리핀Dana Griffin의 말처럼 '어른들의 시대'에 들어가기 위해 필요한 '너그러움, 호기심, 그리고 감사하는 마음'을 갖고 말이다.

CONNECTING
GENERATIONS

We are a global virtual village where generations come together to connect, learn from each-other, have fun and create a better future.

@eldera.ai

엘더라는 60세 이상의 시니어와 8~13세 아이들을 매칭하여

서로 소통하는 시간을 제공한다. 아이들이 궁금한 걸 질문하면

시니어는 자신의 경험과 지혜, 지식을 나눠준다.

연결이 만들어낸
시니어 임팩트

시니어에 관해서는 전략이든 조언이든 시니어의 삶을 직접 겪어본 사람의 이야기만이 의미가 있다. 커리어 정점인 41세에《제2의 성》을 쓴 작가 시몬 드 보부아르Simone de Beauvoir는 시니어 라이프의 한복판이었던 62세에《노년》이라는 700페이지의 책을 출간한다. 그녀는 노년이 수동성에 머물러서는 안 되며, 더 열정을 불러일으키고 그 열정을 반드시 외부로 표출해야 한다고 했다. 시니어의 일은 대부분 소일거리로 생각하기 쉽지만, 보부아르는 노년일수록 소일거리가 아닌 '프로젝트'를 가져야 한다고 믿었다. 여기 코로나 시대에 의미 있는 프로젝트를 멋지게 선보인 티수니Tissuni라는 그룹이 있다.

시니어가 만든 새로운 가능성

코로나19라는 전 세계적인 위기를 겪으며 모두가 허둥거리는 동안, 샤넬의 시니어 재봉사 마리 베아트리스 부와이에Marie Beatrice Boyer 가 주도한 프로젝트는 많은 이들에게 자극과 영감을 주었다. 그녀는 코로나19로 고생하는 프랑스 의료진들에게 마스크를 공급하기 위해 샤넬, 디올, 생로랑 등 럭셔리 패션 브랜드의 시니어 재단사들 모아 티수니 그룹을 만들었고, 3천 개가 넘는 무료 마스크를 직접 재단해 의료진들에게 전달했다. 이들의 의미 있는 행보는 마스크 프로젝트 이후에도 계속 이어졌는데, 20여 명의 베테랑 재단사들이 디자인 패턴을 오픈소스로 제공하는 실험을 한 것이다. 최근 패션이 발생시키는 환경문제가 심각하게 제기되고 있는 상황에서 지속가능성을 몸소 실현하는 프로젝트라 더욱 주목받았다.

일반적으로 오픈소스는 IT기업들이 소스코드나 소프트웨어 등을 무상으로 공개하여 누구나 그 소프트웨어를 사용하고, 재배포할 수 있도록 만든 것이다. 이들은 패션에서의 섬유 낭비 문제를 줄이기 위해 '리틀 그린 드레스Little Green Dress'라 이름 붙인 미니멀한 드레스를 디자인했다. 1미터의 패턴을 자르면 서로 연결된 패턴 덕분에 버려지는 섬유를 최소화할 수 있는, 친환경적으로 설계된 드레스다. 누구나 티수니 홈페이지에서 패턴을 무료로 다운로드받아 프린트할 수 있고, 자신이 원하는 패브릭을 선택해 1미터만 사용하면 제로 웨이스트 드레스 한 벌이 완성된다. 이들은 2020년 파리 패션위크에 도전하는 챌린지를 진행하는 등 프로젝트를 확산하는 방법도 의미 있는 방향으로 설계하여 SNS에는 직접 만든 다양한

@tissuni.com

의료진에게 무료 마스크를 전달한 마스크 프로젝트와

버려지는 섬유를 최소화하고자 공유한 리틀 그린 드레스 오픈 소스는

시니어들뿐 아니라 젊은 층에도 많은 자극을 주었다.

특히 리틀 그린 드레스는 SNS 챌린지를 통해 더 많은 사람들에게 공유되었다.

패브릭의 리틀 그린 드레스가 공유되었다.

　티수니가 전 세계 많은 이들에게 영감과 자극을 준 부분은 무엇보다도 시니어를 여전히 의미 있는 프로젝트의 주체로서 바라보게 만든다는 점이다. 이들은 과거에 빛나던 사람들이 시니어가 되었다고 갑자기 그 빛이 사라지지 않는다는 것을 보여주었다. 오래 쌓아온 시니어들의 지혜가 시대의 문제를 해결하고 새로운 아젠다와 흥미로운 도전으로 연결될 수 있다는 가능성을 확인시켜주면서 시니어뿐 아니라 젊은 층에도 많은 자극을 주었다. 마스크와 친환경 드레스 챌린지에 이어 더 많은 드레스 패턴을 추가할 예정인 이들의 실험은 지금도 계속되고 있다.

새롭게 나이 드는 시니어 행성

> **#1.** 간호사로 일했던 마들린 리치(74세)는 가족들을 위해 10살 때부터 직접 옷을 만든 경험을 살려 액세서리 회사를 창업했다. 온라인으로 스카프, 토트백, 카드지갑, 방한용품을 만들어 파는데, 홍보는 인스타그램으로 한다.
> **#2.** 가정폭력 생존자인 77세의 에비 문은 후원을 받아 2021년 가을, 스웨덴에서 열린 IPF 세계 역도 챔피언십에 참가해 2위를 차지했다.
> **#3.** NYCHA 프로그램을 통해 태블릿을 배운 툰드는 멀리 사는 가족과 태블릿을 이용하여 소통하는 경험을 했다. 그는 이제 태블릿으로 텍스트와 사진을 보내고 퀵 메시지를 보낼 줄

안다. 멀리 사는 아이들과 더 가까워진 느낌이다.

AARP의 '시니어 플래닛Senior Planet'은 시니어를 위한 코워킹 스페이스이자 기술 중심의 커뮤니티 센터다. 통유리로 된 창 안에 공동 업무 공간과 첨단 컴퓨터 시설이 갖춰져 있는 이곳은 여느 코워킹 스페이스와 다를 바 없다. 이용자가 60세 이상이라는 점을 제외하고는 말이다.

시니어 플래닛은 뉴욕 맨해튼을 비롯한 미국 전역에 6개 지점이 있으며, 60세 이상의 은퇴자라면 대부분 무료로 이용할 수 있다. 시니어 플래닛에서 시니어들은 창업 외에도 다양한 활동을 경험한다. 몇 주간의 기술 교육을 통해 기본적인 컴퓨터 사용법과 한 단계 더 나아가 삶의 질을 향상시키는 컴퓨터 기술 교육도 받을 수 있다. 이를테면 디지털 사진 찍는 법, 소셜 미디어 활용법, 온라인으로 직업 찾는 법, 웹사이트 만드는 법 등이다.

친근하고 호기심 많은 시니어들로 가득한 이 커뮤니티는 2017년부터 자기 경험을 살려 창업에 도전하려는 시니어들을 위한 스타트업 코스를 신설했다. 대상은 컴퓨터에 익숙하고 창업 아이디어가 있는 시니어다. 현재까지도 3만 5천 개가 넘는 수업을 통해 시니어들에게 기술과 상호작용하는 방법을 알려주고 시니어와 기술의 중심에서 긍정적인 사회 시스템을 구축하는 데 기여하고 있다.

시니어 플래닛의 첫 시작은 거창한 것이 아니었다. 2004년 톰 캠버Tom Kamber와 자원봉사자들이 만든 비영리단체 OATSOlder Adults Technology Service의 프로그램이 시작이었다. 그들은 시니어들이 디지털 시대에 적응하며 잘 살 수 있도록 디지털 기술과 사용하는 방법을 가르쳐줬다. 처음에는 뉴욕의 브루클린에서 10주짜리 무료 기술 교육으로 시작했으나, 시니어들의 기술 교육 필요성에 동참하는 많은 기업들의 도움으로 10년 만에 70개 이상의 파트너 사이트에서 1만 개 이상의 강의를 제공할 수 있게 되었다. 또한 비영리 파트너들을 위한 30개의 컴퓨터 연구실을 만들었다.

시니어 플래닛을 시작한 것은 그 이후인 2013년이다. 이들은 맨해튼에 "Aging with Attitude"라는 모토로 미국 최초의 시니어를 위한 테크 테마 커뮤니티 센터를 오픈한다. 첫해 동안 1만 5천 명의 시니어들이 프로그램에 참여했고 디지털 기술을 배웠다. 2015년에는 뉴욕을 벗어나 미국 전역으로 확대되었고, 많은 수는 아니지만 메릴랜드와 플로리다, 캘리포니아의 시니어들이 기술 중심의 커뮤니티 센터에서 새로운 경험을 시작하게 된다. 2018년에는 텍사스와 콜로라도 지점까지 오픈했다. 당시 해외에서도 시니어 플래닛의 성과와 의의에 대한 공감이 퍼졌고, 이스라엘과 스페인에 시니어들을 위한 기술 커뮤니티 센터와 교육 프로그램에 대한 컨설팅이 시작되었다. 2021년 AARP 계열사로 정식 가입한 OATS는 사회적 환경, 지리, 학력, 연령과 관계없이 시니어가 기술의 힘을 활용할 수 있도록 지원하고 있다.

시니어 플래닛은 시니어의 가능성을 넓히고 있다. 이들은 기술을 통해 새롭게 나이 드는 방법을 알려준다. 은퇴 후 모든 것을 포기하는 것이 아니라, 온/오프라인의 다양한 프로그램을 통해 새로운 세상을 접하도록 돈을 절약하고, 몸매를 가꾸고, 새로운 친구들을 사귈 수 있게 돕는다. 결과적으로 시니어에게 디지털 기기와 앱, 웹사이트는 도구일 뿐이라는 것을 알려준다. 물론 매우 유용한 도구라는 것도 말이다. 시니어가 디지털 시대의 일원으로서 자신의 미래를 다시 설계하고, 할 수 있는 일을 찾아내고, 미루었던 비즈니스를 시도하고 번창할 수 있도록 한다.

시니어 플래닛의 시도는 시니어가 시니어를 돕는 선순환 구조를 만든다. 디지털에 능숙해진 시니어나 창업에 성공한 시니어가 또 다른 시니어의 생활과 창업을 돕는 멘토가 되는 것이다. 창업 과정을 겪어본 시니어들은 같은 시니어의 어려움을 가장 잘 알기 때문이다. 덕분에 시니어만이 공감할 수 있는 문제를 해결하기 위한 아이디어도 활발하게 탄생하고 있다.

한 명의 큰 어른은 시대의 울림이 된다. 하지만 일상의 귀감이 되는 것은 우리 곁의 작은 영웅들, 평범한 시니어들이다. 티수니처럼 시니어들이 모여 해내는 놀라운 일은 사회에 영감을 주고, 시니어 플래닛의 시니어들처럼 디지털 세상과 연결되어 존재를 드러내고 꿈을 이뤄가는 모습은 사람들에게 힘과 용기를 준다. MZ세대 못지않게 온라인으로 연결된 시니어들이 많아질수록 다른 세대에 미치는 그들의 영향력은 점점 더 커질 것이다.

시니어 기획을 할 때 하는 가장 큰 실수는 무엇일까? 대답은 간단하다. 시니어가 누구인지 모른다는 것이다. 기발한 아이디어를 가지고 근사한 서비스를 끼워 넣고 다양한 아이템을 다뤄도 시니어에게 절실하거나 가려운 점이 아니니 시니어들의 마음은 움직이지 않는다. 그래서 시니어 시장은 안 된다는 탄식과 함께 시니어에 대한 고정관념의 악순환이 시작된다. 오랫동안 움직이지 않았던 시장을 움직이는 유일한 길은 시니어를 제대로 아는 것밖에는 없다. 시니어를 제대로 이해한 브랜드들은 거의 예외 없이 시니어의 '감정'을 건드린다. 시니어들이 감정의 동요를 일으키는 순간, 시니어들은 행동의 변화를 보이게 되고 고객이 되어 새로운 시장이 열린다.

　메가트렌드는 바꿀 수 없다. 기대수명의 증가와 출생률 감소,

국가와 사회의 고령화는 이미 정해진 미래다. 시장은 이를 따라갈 수밖에 없다. 그러므로 젊은 층에서 시니어로 시장의 무게 중심이 이동하는 시니어 시프트 역시 정해진 미래다.

우리의 관심사는 시니어로 향해야 한다. 이 말은 MZ세대보다 시니어가 중요하다는 말은 아니다. '한 아이를 키우기 위해서는 온 마을이 필요하다'는 아프리카 속담처럼 '아이를 어떻게 키울 것인가'는 모든 사회구성원의 고민과 과제다. 그것처럼 '길어진 시니어 라이프를 어떻게 보낼 것인가' 또한 모든 이의 이슈가 되었다는 의미다. 시대에 맞게 새로운 어른의 상을 만들고, 즐겁게 나이 드는 방법과 나이 든 후에도 의미 있게 살아가는 방법을 발명하는 시기, 그때가 바로 지금이며 그 첫 타자가 베이비붐 세대다.

시대를 이해하고 세대를 이해하고 그리고 개인을 보라. 식상하지만 이 말은 마케터의 영원한 명제다. 시대가 세대를 만들지만, 같은 시대를 살아도 각 세대의 인식은 다르다. 그러므로 우리는 시대와 세대가 포개지는 현재를 끊임없이 읽어야 한다. 더불어 반드시 개인을 봐야 한다. 시대와 세대를 읽는 목적은 개인을 이해하기 위함이지, 세대를 가르고 한정하는 것이 아니다.

이런 의미에서 이 책에는 아직 쓰이지 않은 페이지가 있음을 말해두고 싶다. 시니어 시장의 3분의 2 정도를 서술했다고 봐야겠다. 본문에서 말한 것처럼 80%의 시니어는 이제 막 발견되었으며, 그들은 하나의 집단이 아니라 다양한 마이크로 시장의 집합체다. 그 다양성은 이제 시작이라 세대 속에서 더 작고 분명한 세그먼트와 개인을 보여주는 것이 쉽지 않다.

이 책에서는 어렵게 모은 사례들을 통해 다양한 시장이 가능함을 보여주고자 했다. 책에서 다뤄진 사례들이 대부분 유럽, 일본, 미국에 편중되어 있어 아쉽지만, 이들이 우리보다 오래되거나 앞선 고령 국가이기 때문에 사례가 더 풍부한 것이다. 물론 한국 시니어 시장의 성장이 더딘 탓도 있다. 때문에 조금 더 과감하게 거침없이 시장을 만들어가길 바라며 마케터들에게 조금의 보탬이 되었으면 하는 마음이다. 시니어와 시니어 라이프는 계속 진화할 것이니 부디 시니어 시장을 넓고 깊게 보길 바란다.

1부 당신이 생각하는 노인은 존재하지 않는다

1장 나이를 버리면 비로소 보이는 것들

1   김지수, 《자기 인생의 철학자들》, 어떤책, 2018.

2   삼프로TV_경제의신과함께, '코로나 시대, 빅데이터로 알아본 5월의 대한민국 f.
    바이브컴퍼니 송길영 부사장', 2021.04.11.

3   "[탈실버로 실버를 공략하라] 내용은 '실버'라도 포장은 '젊음'으로", 《매일경제》,
    2013.07.16.

4   "지엔코 김석주 대표-'소비자 주도시대, 그들을 이해하고 공감을 얻어 접근하라'",
    《한국섬유신문》, 2019.01.18.

5   "'에이지리스'의 시대, 패션과 화장품이 나이를 잃었다", 《머니에스》, 2019.12.25.

6   "현대백화점, 판교점에 100평 규모 편집숍 '코너스' 오픈", 《뉴시안》, 2019.11.27.

7   마스다 무네아키, 《지적자본론》, 민음사, 2014.

8   "내 나이가 어때서… 日 시니어, 다시 소비 주도계층으로", 《조선일보》, 2020.04.02.

9   위와 동일.

10 "시니어 공략에 '신 3K', 실매 30만 부를 키운 독자 조사라니", 《닛케이 xtrend》, 2019.12.16.

11 "내 나이가 어때서… 日 시니어, 다시 소비 주도계층으로", 《조선일보》, 2020.04.02.

12 "유튜브 보는 시니어들 '데이터 큰 손'으로… 이통사 서비스 경쟁", 《한국일보》, 2019.08.16.

13 "뉴스도 검색도… 유튜브에 빠진 시니어", 《서울경제》, 2019.03.25.

14 "[더오래] 15초짜리 동영상 앱 광고로 월 3억 버는 중국 할머니", 《중앙일보》, 2021.02.20.

15 "[중국화제] 알리바바가 '광장춤 리더' 노인 연봉 6천만 원에 채용하는 이유", 《아주경제》, 2018.01.18.

16 "Alibaba Makes Its Taobao App More User-Friendly for the Elderly" 《alizila》, 2021.10.14.

17 "알리바바그룹, 중국 실버세대의 디지털 라이프 지원", 《알리바바뉴스 한국어》, 2021.05.11.

18 "출퇴근길 짬내서 듣는 오디오북… 소리없는 흥행", 《매일경제》, 2020.08.10.

19 "'읽지말고 편히 들으세요'… 오디오북 전성시대", 《매일경제》, 2021.02.07.

20 "초고령 사회 앞둔 한국… 성인용 기저귀 시장 쑥쑥 큰다", 《파이낸셜뉴스》, 2020.09.10.

21 "[1조클럽] 유한킴벌리의 위기 극복 스토리-'기저귀' 신화 일군 최규복 대표 시니어케어 사업으로 새로운 도전", 《포브스》, 2015.03.23.

2장 뉴시니어, 그들이 진짜 원하는 것

1 "100세 인생 시대 '액티브 시니어'로 살아가는 법 PART 2", 《헬스조선》, 2017.01.12.

2 "[비바100] 여행사 직원에서 캠핑카 여행 유튜버로… '은퇴 후 삶을 즐기는 방법 배웠죠'", 《브릿지경제》, 2019.09.23.

3 "[S 스토리] 실버들의 낭만… '차박'에 빠지다", 《세계일보》, 2021.12.11.

4 "日 관광객 '캠핑카로 떠나볼까?'… 일본 RV 시장 '쑥쑥'", 《뉴스핌》, 2018.10.30.

5 "[전복선의 Hsitality Management in Japan] 나나츠보시 인 큐슈", 《호텔앤레스토랑》, 2015.10.12.

6 "'1인 고령가구를 잡아라'… 日편의점의 '시니어 격전(激戰)'", 《미래에셋투자와연금센터》, 2019.12.31.

7 김웅철, 《초고령사회 일본에서 길을 찾다》, 페이퍼로드, 2017.

8 "[특파원 24시] 고령자 위한 '이동식 편의점' 도쿄에 첫 등장", 《한국일보》, 2018.10.28.

9 "'1인 고령가구를 잡아라'… 日편의점의 '시니어 격전(激戰)'", 《미래에셋투자와연금센터》, 2019.12.31.

10 "고령화 사회 'AI실버 산업 주목하라'… 타이캉 실버타운, 통합의료-양로 시스템 '벤치마킹' 대상 부상, 《AI라이프경제》, 2021.06.14.

11 "그래프로 보는 중국] 지난해 中근로자 평균 임금은 얼마?", 《아주경제》, 2020.07.09.

12 "[The Miilk Issue No. 71] 격변기의 대박 사업은 고객으로부터 나온다", 《SVKoreans》,

2020.07.09.

13 "부모님 자주 찾아뵙기 힘들다면, 이것 어때요?", 《미래에셋투자와연금센터》, 2019.03.22.

14 "베스트바이, 영국 원격의료 업체 커런트 헬스 인수하며 헬스케어 비즈니스 강화", 《로아리포트》, 2021.10.13.

15 "85歳向けアパレル、好調に「キラリ」！イオンリテール、レディスアパレル改革の全貌", 《DIAMOND Chain Store Online》, 2022.07.01.

16 "18억 초호화 실버타운이 줄경매에 부쳐진 까닭은?", 《조선일보》, 2016.03.29.

17 "[단독] 코로나19 여파로 유탄 맞은 창녕 더케이 서드에이지 매각 추진,", 《매일신문》, 2021.04.29.

18 "'파산 위기' 명지학원 '회생 충분히 가능'… 학생들 '신뢰 못해'", 《조선비즈》, 2022.02.17.

19 "임대보증금마저 제 돈 쓰듯 펑펑 쓴 건국대", 《시사저널》, 2020.11.10.

20 "決戦は年金支給日 スーパーの客数・販売額、給料日超える", 《니혼게이자이신문》, 2019.10.20.

21 "Age-tech: The Next Frontier Market For Technology Disruption", 《Forbes》, 2019.01.01.

22 "[더오래] 노인이 무거운 물건 들어올리게 해주는 인공 근육", 《중앙일보》, 2021.04.17.

23 "아우디, 생산라인용 웨어러블 로봇 도입", 《로봇신문》, 2015.05.12.

24 "서서 일하는 사람 위한 '착용형 의자'", 《사이언스타임즈》, 2018.12.19.

2부 시니어를 움직이는 4가지 욕망

1 "'귀엽고 멋진 할머니가 될래' 서점가 '할머니 책' 열풍", 《조선일보》, 2021.10.01.
2 "누구나 '귀여운' 할머니가 될 순 없지", 《한겨레》, 2021.08.07.

1장 개성: 마이크로 시니어에게 맞춰라

1 "[김지수의 인터스텔라] 최정상 美노화학자 '늙는 모습 천차만별이니 잘 늙는 데 투자하라'", 《조선일보》, 2018.01.20.
2 "I Did It: An Entrepreneur Who Turned Her Home Into a Shoe Warehouse to Build Her Brand", 《Footwear News》, 2019.01.28.
3 "My medical choice", 《The New York Times》, 2013.5.14.
4 김인영, 서울대학교 생명공학공동연구원, "DTC 유전자를 활용한 개인 맞춤 서비스의 최신 동향", BRIC View, 2021-T29

5 "닭다리를 먹었다, 인쇄해서", 《조선일보》, 2020.02.12.

6 "[ESC] 하야시 부부 '우리는 늙었지만 낡지는 않았다'", 《한겨레》, 2019.03.28.

7 하야시 유키오, 하야시 다카코, 《근사하게 나이들기》, 마음산책, 2019.

8 "[창간 54] 젊엉진 노년층 '욜드'⋯ 미래한국 앞당긴다", 《매일경제》, 2020.03.27.

9 "붐비는 4050 패션앱⋯ 무신사도 뛰어든다", 《한국경제》, 2021.09.29.

10 "[인터뷰] '더뉴그레이' 권정현 대표 "'아저씨즈' 인기 비결요? 나이에 맞게 옷 입지 마세요",
《메트로》, 2021.04.05.

11 "Stylish seniors inspire fashion elite", 《China Daily》, 2021.09.07.

2장 관계: 관계의 사각지대를 이해하라

1 "[당신의 삶 안녕하십니까] 노동 교환하고 취미 함께⋯ 공동체 삶서 행복 찾아요",
《세계일보》, 2015.02.25.

2 KOTRA, 〈중국 시니어 비즈니스 진출 방안: 20개 유망품목 중심으로〉, 2019.

3 "宝贝格子战略投资医护到家 开辟医养新生态", 《中国网》, 2020.10.16.

4 KOTRA, 〈중국 시니어 비즈니스 진출 방안: 20개 유망품목 중심으로〉, 2019.

5 "Evolving to better serve its members", 《Fastcompany》, 2021.08.17.

6 "8 Online Communities for Seniors to Join", 《Makeuseof》, 2022.02.09.

7 2021 Magazine Media Factbook, p.42

8 "Radio Recliner: Retirees take to the airwaves to stay connected during the
pandemic", 《Tennessean》, 2020.05.13.

9 위와 동일.

10 "Hank helps older adults connect and have fun", 《Techcrunch》, 2022.06.28.

11 위와 동일.

3장 취향: 욕망을 욕망하는 시니어를 발견하라

1 "[시니어 케어제품] 시니어 60% 단백질보충제 복용 경험", 《이모작뉴스》, 2021.07.30.

4장 성장: 불안전주의자로 사는 시니어를 채워라

1 "직장인 자기계발비 월 17만원 지출, 자기계발 하는 이유 1위는?", 《디지틀조선일보》,
2019.03.15.

2 "침체된 내수 시장의 희망, '액티브 시니어'", 《조선일보》, 2019.09.20.

3 "'유학 다녀오겠습니다' 전유성, 김칠두, 이연복! '평균나이 65세' 늦바람 영어공부 도전기!",

《스포츠경향》, 2019.11.29.

4 "'시니어 해외관광' 파도가 밀려온다… '2025년 2배 이상 증가'",《글로벌이코노믹》, 2021.10.28.

5 "쉐어러스, 오팔세대 전용 커뮤니티 '반서재' 서비스 론칭",《뉴스브라이트》, 2020.03.02.

6 〈해외 50+정책 사례 분석〉, 서울시50플러스재단, 2019.

7 "인력매칭 플랫폼 '탤런트뱅크'의 실험… 쏟아지는 대기업 출신 프리랜서를 中企와 연결",《한국경제》, 2019.03.04.

8 "노인에 봉사활동 판 깔아주는 유럽… '자존감 UP'",《한국일보》, 2018.07.20.

9 "Eldera: The New Global Intergenerational Mentoring Program",《next avenue》, 2020.12.24.